U0782612

短视频与直播营销策略研究

王子昕◎著

吉林出版集团股份有限公司

全国百佳图书出版单位

图书在版编目（CIP）数据

短视频与直播营销策略研究 / 王子昕著 . –– 长春：
吉林出版集团股份有限公司 , 2024.4
ISBN 978–7–5731–5112–4

Ⅰ . ①短… Ⅱ . ①王… Ⅲ . ①网络营销－研究 Ⅳ .
① F713.365.2

中国国家版本馆 CIP 数据核字 (2024) 第 111056 号

短视频与直播营销策略研究
DUANSHIPIN YU ZHIBO YINGXIAO CELÜE YANJIU

著　　者	王子昕
责任编辑	林　丽
封面设计	张　肖
开　　本	710mm×1000mm　　　1/16
字　　数	200 千
印　　张	11.5
版　　次	2025 年 1 月第 1 版
印　　次	2025 年 1 月第 1 次印刷
印　　刷	天津和萱印刷有限公司

出　　版	吉林出版集团股份有限公司
发　　行	吉林出版集团股份有限公司
地　　址	吉林省长春市福祉大路 5788 号
邮　　编	130000
电　　话	0431–81629968
邮　　箱	11915286@qq.com
书　　号	ISBN 978–7–5731–5112–4
定　　价	72.00 元

前　言

　　像看电影和玩游戏一样，短视频能让人放松和开心。如果有人想在短视频里开阔见闻、增长见识，也可以搜索到相应的内容生产者。使用短视频的过程也是一个学习技能的过程。同时，网络直播营销是利用网络平台展示与交流产品信息的新型营销方式，与传统电商相比，网络直播在营销过程中的效率更高，能够有效提升消费者对商品信息的获取速度，满足消费者的各种需求。在拥有数亿日活用户的短视频直播平台，规模化的内容生态和商业生态在实现供需的相互促进与再平衡的过程中，势必营造出更加丰富多彩的新职业图景，对促进高质量充分就业发挥着日益重要的作用。短视频直播穿越时空，将无穷的远方和无数的人们相连接，给人们的学习、工作、娱乐、生活、社交乃至思维方式等方面带来了巨大的转变。

　　本书的主要内容为短视频与直播营销策略研究。本书第一章为新媒体营销概述，分三个部分，第一节介绍了新媒体营销的概念，第二节介绍了新媒体营销的定位，第三节介绍了新媒体营销人员的技能素养；第二章的主要内容为短视频营销的理论分析，包括四个方面的内容，依次是短视频的基本概念、短视频的拍摄制作、短视频的数据分析、短视频的行业选择；第三章的主要内容为直播营销的理论分析，分别介绍了三个方面的内容，第一节为直播营销的团队建设，第二节为直播营销的内容打造，第三节为直播营销的场景划分；第四章为短视频内容与直播营销的协力策略，分别介绍了三个方面的内容，依次是短视频内容的创作与推广、短视频内容与直播营销的融合与过渡、短视频与直播营销的规范；第五章主要介绍了农产品的"短视频＋直播"营销策略，包括四个方面，依次是农产品"短视频＋直播"营销的账号设计、农产品"短视频＋直播"营销的内容生产、农产品"短视频＋直播"营销的引流变现、农产品"短视频＋直播"营销的品牌打造。

在撰写本书的过程中，作者参考了大量的学术文献，得到了许多专家学者的帮助，在此表示真诚感谢。本书内容系统全面，论述条理清晰、深入浅出，但由于作者水平有限，书中难免有疏漏之处，希望广大同行及时指正。

王子昕

2023 年 9 月

目录

第一章　新媒体营销概述

随着新媒体的出现，各种借助新媒体进行营销传播的方式也在不断发展。本章的主要内容为新媒体营销概述，分为三个部分，依次是新媒体营销的概念、新媒体营销的定位、新媒体营销人员的技能素养。

第一节　新媒体营销的概念

一、新媒体的概念

（一）新媒体的含义

新媒体一词最先出现在 1967 年，由美国哥伦比亚广播电视网（CBS）技术研究所所长戈尔德马克（P.Goldmark）提出。

"新媒体是指相对于传统媒体（报刊、广播、电视等）而发展起来的一种新兴媒体，是新的技术支撑体系下出现的媒体形态，如数字杂志、数字报纸、数字广播、移动电视、网络、桌面视窗、数字电视、数字电影、触摸媒体等。"[①]

相对于报刊、户外、广播、电视四大传统意义上的媒体，新媒体被形象地称为"第五媒体"。

（二）新媒体的特征

1. 交互式和参与感增强

随着科技的发展，用户特点和习惯已经发生改变。用户已经从过去静态沉浸

---

① 张芹，杨尚聘. 新闻媒介经营管理 [M]. 武汉：华中师范大学出版社，2009.

式阅读，发展为更倾向于交互式阅读，注意力持续时间缩短，倾向于移动场景。用户心智被越来越多新媒体头条内容所占领，更注重参与感。

2. 形式多样与社会化传播

在新媒体环境下，新媒体展现形式更加丰富，可融文字、音频、画面为一体，做到即时地、无限地扩展内容。用户与用户之间的联系更直接，用户不仅能与用户个体链接，还可以与组织、社会进行全面链接。信息传播途径和用户信任路径发生了变化。

（三）新媒体的常见平台

新媒体常见平台分为：自媒体平台、视频类平台、社交类平台和问答类平台。自媒体平台主要有：今日头条、百家号、大鱼号、简书、搜狐等。

视频类平台可分为直播平台、短视频平台和音频平台。其中，直播平台主要有斗鱼、花椒、虎牙等。短视频平台主要有抖音、快手视频号等。音频平台主要有喜马拉雅 FM、蜻蜓 FM 等。

社交类平台主要有微信（公众号、订阅号、微信群和朋友圈）、微博（新浪微博）等。

问答类平台主要有知乎、360 问答、悟空问答等。

（四）新媒体的发展趋势

1. 5G 时代来临

2019 年，随着 5G 牌照的发放，我国进入了 5G 商用元年。5G 以全新的网络架构，提供 10Gbps 以上的宽带、毫秒级时延、超高密度连接等技术，可满足新媒体中视频、增强现实（AR）和虚拟现实（VR）的长远发展。

2. 短视频和中长视频界限模糊

短视频变长，长视频变短。短视频平台纷纷放开时长限制，长视频平台积极推出影视综合的短视频周边节目，3～10 分钟的中长视频成为下一步发展方向。

3. 直播规范化

在形成电商型、娱乐型、导购型和关系型四大阵营基础上，未来直播将进一步走向规范化，更多地体现出综艺多元价值。

二、新媒体营销的定义与特征

（一）新媒体营销的定义

新媒体营销是指利用一种新媒体平台进行营销的方式，企业借助新型媒介表达与传播产品和品牌信息、企业观点等，从而实现宣传和销售的目的。

（二）新媒体营销的特征

作为一种新的市场理念，新媒体营销具有以下特征：

1. 范围广泛，精准营销

新媒体营销由于平台的普及和技术的发展，不再受限于时间和空间，能够随时随地地进行信息传递，能触达更多的消费者，而且能形成更大范围的传播。在技术日新月异的今天，企业可获取更清晰、更细分的用户画像，能更深入地了解消费者，挖掘其潜在需求。

2. 形式丰富，互动性强

微信、微博、知乎等新媒体平台各具特色，新媒体营销形式丰富多样，可以通过图片、文字、视频、音频的方式进行传播。新媒体营销比传统营销更强调个性和互动，不再是"单向"传播，而是企业和消费者之间的"双向"传播，消费者可以实时发表评论和反馈，企业也可直面消费者，了解并满足消费者的个性化需求，增加消费者黏度。

3. 成本降低，裂变传播

新媒体可以降低营销的经济成本和时间成本。它主要依托线上平台，因此，大大降低了固定成本。新媒体传播速度快、传播力度强，具有口碑传播和自发传播的特点，所以企业营销内容容易形成裂变传播，可大幅缩短传播时间。

三、新媒体营销的模式

（一）口碑营销

口碑营销指企业在品牌建立过程中，通过客户之间的相互交流和自发传播，将企业产品信息和品牌进行传播。口碑营销形成了"关注品牌—产生兴趣—主动搜索—产品购买—主动分享"的闭环。在新媒体营销中，主播借助自己的专业性和知名度，通过视频介绍、直播带货、探店评论等方式帮助企业进行口碑宣传。口碑营销具有费用低廉、信任度高等优点。

（二）借势营销

借势营销是指通过顺势、造势等方式提高知名度。具体的借势方式有借助消费者自身的传播力，依靠轻松娱乐，利用时事热点等。

（三）IP 营销

IP 是 Intellectual Property（知识产权）的缩写。企业将品牌与 IP 结合在一起，通过持续的内容输出，塑造出更具有人格化特点和价值内涵的品牌形象，以吸引消费者的注意，加深品牌的印象，提升品牌的认知度和美誉度，从而获得更多认可和信赖。例如，江小白推出了《我是江小白》的动漫作品，三只松鼠从品牌Logo 中衍生出了完整的"萌"系品牌形象和故事。

（四）跨界营销

根据不同行业、不同产品、不同偏好的消费者之前所拥有的共性和联系，进行融合、互相渗透，进行彼此品牌影响的互相覆盖，赢得消费者好感。例如，网易云音乐与地铁公司跨界合作，在地铁车厢里写满乐评，实现线上和线下的融合。

（五）互动营销

互动营销是指抓住企业和消费者的共同利益点，利用多种方式促进企业和消费者之间的交流，实现企业推广营销目的。新媒体打破了时间和空间的界限，提高了参与互动的便利性，使得丰富多样的互动活动成为可能，常见的互动方式有抽奖、集赞，或者参与企业的产品设计等。

第二节　新媒体营销的定位

一、用户定位

现代营销学之父菲利普·科特勒在其代表作《营销管理》中提到定位是"设计公司产品的核心，是在目标市场消费者心目中占据独特位置的一种行为，其目标是将品牌留在消费者心中,以实现公司的潜在利益最大化"[①]。精准的用户定位是细分产品市场、了解目标市场、匹配产品与市场需求、设计新媒体营销内容与策略的前提和基础。企业只有先了解用户,洞察用户的需求,才能借助新媒体拉近与用户的距离。

(一)确定目标用户群体和用户群体特征分析

在营销活动中,用户定位是指企业或产品将向什么样的人提供什么样的服务。用户定位的目标是深入了解产品目标用户的核心需求与消费偏好,投其所好地开展营销策划,从而在用户心中占据有利位置。

1. 确定目标用户群体

如今,消费者个性化导致了消费者群体的分化,唯有洞察消费者,关注他们的需求,才能知己知彼,百战不殆。清晰的用户定位能够为企业设计产品提供思路,使企业根据用户的核心需求挖掘产品的卖点,从而展开后续的营销策划与推广。

马斯洛需求层次理论把人类的需求层次从低到高划分为五大需求:生理需求、安全需求、社交需求、尊重需求和自我实现需求。参考马斯洛需求层次理论,可以通过分类假设法与归纳总结法来简要定位与分析目标用户群体的特征,从而初步了解用户的心理需求和偏好。

在进行用户定位之前,需要先思考以下问题:

①产品的目标用户群体是谁?

②目标用户群体的核心需求是什么?

③如何定位与分析用户群体?

④如何让目标用户对产品产生心理认同?

2. 用户群体特征分析

用户群体特征指的是根据产品用户的共同特性对其进行标签化归类,通常根据地域分布、人群属性、接触与传播信息的媒介与方式、活跃程度等多个维度进行分析。

---

① 菲利普·科特勒,凯文·莱恩·凯勒,亚历山大·切尔内夫.营销管理 [M].陈雄文,蒋青云,赵伟韬,等,译.北京:中信出版社,2023.

针对不同消费群体的心理需求，找寻目标用户的消费活动规律，基本上可以遵循以下策略：

①使用分类假设法在脑海中构建对目标用户群体的认识。

②通过归纳总结法进一步提炼核心用户群体的特征。

③借助百度指数、阿里指数、腾讯浏览指数、新浪微指数等数据分析平台来验证对产品用户定位的判断准确与否。

（二）构建精准的用户画像

大数据时代，新媒体营销的重点是深入了解用户的欲望与需求，促使有价值的用户积极参与、购买、反馈并分享产品。有价值的用户群体需具备五个关键要素：海量、持久、活跃、可画像、可持续消费。

在网络信息爆炸性增长的同时，用户在网络中留下的行为数据飞速增长。数据库通过挖掘用户遗留的网络行为、结构化的数据分析用户特征与用户活动规律，生成精准的"用户画像"。精准构建的用户画像具有预计与统计的作用，能够洞察消费者需求，准确定位消费群体和消费场景，为企业实施精准营销提供科学的决策依据。

在构建用户画像的实际操作过程中，通常会选择最易理解与最贴近生活的话语将用户的属性、行为与期待联结起来。作为实际用户的虚拟代表，用户画像构建起来的用户角色形象不能脱离产品与市场，所形成的用户角色必须有代表性。

具有代表性的用户画像包含"PERSONA"七要素：

"P"代表基本性（primary），即用户角色是否基于对真实用户的情景访谈；

"E"代表同理性（empathy），即用户角色是否能够引发同理心；

"R"代表真实性（realistic），即用户角色是否看起来像真实人物；

"S"代表独特性（singular），即用户个体是否独特且彼此很少有相似性；

"O"代表目标性（objectives），即用户角色是否包含与产品相关的高层次目标，是否包含描述该目标的关键词；

"N"代表数量性（number），即用户角色的数量是否满足样本数据的需求；

"A"代表应用性（applicable），即设计团队能否使用用户角色作为一种实用工具，对后续的业务拓展与营销策略进行设计决策。

二、内容定位

营销的竞争是一场关于心智的竞争，营销竞争的终极战场不是工厂，也不是市场，而是心智。内容定位，即根据目标人群的心智，明确活动策划的内容、方向和目标。

好的内容能给用户带来价值、满足用户需求、帮助用户解决问题，乃至帮助用户成长、消除焦虑感。也就是围绕一个定位——帮"哪些用户"，在"什么场景"，解决"什么问题"。这样的内容更容易生存，也更持久。大量的调研和数据分析表明，以下三种选题内容是所有人都需要的：一是实用干货类，提供技能指导；二是情感心态类，能帮助慰藉心灵；三是新闻热点类，能缓解咨询焦虑。

为了做好这三种选题，防止跑题，我们还需要做到以下三点：一是确定品牌类型——解决这三种内容的占比问题；二是坚持垂直细化——解决这三种问题的范文内容；三是符合自身人格化定位——解决这三种内容的风格、价值观、调性问题。

按照以上内容定位的指导标准，就可以通过列出"用户成长所需知识"，进一步细分用户所需内容，从而达到不断提供用户所需的有价值内容的目的。

（一）数据思维指导内容定位

好的内容选题不是拍脑袋得来的，爆款文章也不是单方面冥思苦想所能完成的，通常需要经过大量的数据调研、分析、总结得出。运用数据思维来分析自己和读懂用户，可以帮助新媒体营销人员挖掘有价值的内容。

1. 分析自己

分析自己是一个了解自己的过程。通过分析团队的特点，或者对已有账号的过往表现进行深度挖掘，量化地审视分析自己，用数据思维实现对内容定位的把握。

（1）对营销团队的分析

通过以下五个问题，了解自己的团队能做什么。一是"我"能提供什么产品或内容——写下自己会的东西，可以做成内容图谱；二是归类——将可以归到一起的分为一类；三是"我"的产品和内容是为什么人服务的——对应内容面向的人群；四是"我"是谁——命名自己的角色；五是"复核＋选择"。自己的角色清晰后，个人擅长的部分就非常清晰了，选择一个自己最擅长的重点作为目标。

（2）对已有账号历史数据的分析

对已有新媒体账号进行数据统计和分析，能够实现更加精准的定位。这个分析的过程通常包含两个方面。

一是分析账号的历史发文数据。通过统计账号过往的全部历史文章和视频数据分析得出哪些内容在哪些方面取得了比较好的效果。把这些结果做成详细表格，便于以后的测试和优化。比如，不同内容方向的点赞量、评论量、分享量、收藏量、打开率、分享率、完播率、推送时间等数据。

二是挖掘用户的真正需求。仅仅依靠历史数据是远远不够的，营销团队还要发动用户获得更多新数据，如可以在后台让粉丝投票选择感兴趣的选题类型，可以让用户留言讨论，可以通过在线问卷平台进行调查，可以在粉丝群里询问了解，可以一对一深入沟通，等等。总而言之，面对新的选题，可以通过和用户互动的方式挖掘他们真正的需求，同时将用户感兴趣的选题方向做成详细表格。

2. 学习他人

学习别人就是寻找与自己有相同目标的用户群和品牌调性的账号，通过分析这些账号进一步确定被用户认可、传播力强的新媒体选题方向。这个过程包含两个方面。

（1）选取目标账号

借助新榜、新浪微指数等第三方平台找到相关行业的爆文，然后找到对应账号或者直接锁定榜单。

（2）分析选题方向

确定目标账号后，要对这些账号进行内容选题分析。通过长期的跟踪、观察和统计分析，将传播效果好的选题以可视化的方式呈现出来。

（二）心理学原理定位高传播力内容

如何判断内容的传播力呢？从认知神经科学和心理学的角度看，高传播力的内容应该是能够唤起用户情绪的内容。令人感到新奇、困惑、恐惧、激动的内容往往更容易被传播。这是通过人类的大脑对接收信息的优先级来判断的。

人的不同情绪其实是由人体分泌的不同化学物质而催生的，最重要的有四种神经介质，它们控制了人的积极乐观、同理心、愉悦感、愤怒、紧张、恐惧等情绪。每种神经介质均对应着一种高传播力的内容。

（1）5-羟色胺

5-羟色胺使人情绪高涨，积极乐观。5-羟色胺型的内容包括成功企业家的演讲、创业者的励志故事等，通常都会让人情绪高涨、正能量满满、精神振奋。

（2）催产素

催产素使人产生情感共鸣。催产素型的内容包括抚慰人心的感人故事，工匠精神，亲情、友情、爱情类的内容，等等。

（3）多巴胺

多巴胺使人产生愉悦感、满足感。多巴胺型的内容包括美好的爱情、动听的音乐等。一些知识型文章也属于多巴胺型的内容，因为知识的获取和分享能够给人带来满足感。

（4）肾上腺素

肾上腺素使人因为愤怒、恐惧、紧张而呼吸和心跳加快。肾上腺素型的内容往往能迅速调动人的情绪，如批判类文章或能引起广泛共鸣的内容。值得注意的是，这类文章的价值取向和语言措辞一定要正确且严谨。

三、平台定位

一个平台的调性就好比一个人的性格，不同平台的调性不同，同样的内容在不同的平台上发布也会有不一样的效果。企业营销人员必须深谙不同新媒体平台的特点和风格，如此才能选择适合自身需求和调性的平台开展营销策划。

（一）微博平台

微博是一种通过关注机制分享简短、实时信息的广播式的社交网络平台，用户可以通过网络组建个人社区，以简短的文字公开发布信息并实现即时分享。我们也可以将微博理解为一个基于用户关系分享、传播信息的社交平台。

在2014年之前，国内微博市场份额主要由新浪、腾讯、网易和搜狐四家公司占领。2014年之后，随着腾讯、网易和搜狐等公司相继减少对微博的投入，各个微博服务商之间的竞争逐渐缓和，用户群体主要向新浪微博倾斜，这也促使新浪微博的用户数量持续提升，新浪微博基本占领了国内的微博市场。

作为移动互联网时代连接用户的重要平台,微博已经建立起独特的"内容—粉丝—用户—变现"商业生态闭环,旨在打造一个基于社交关系和优质内容,帮助企业构筑自己的用户群和新渠道,持续为合作伙伴的社会化营销赋能的平台。

微博平台有以下三大内容定位:

一是品牌推广型。该类型的微博定位于推广企业品牌,目的在于树立企业的品牌形象,如华为中国官方微博,主要发布华为公司的重大新闻活动、新品发布等内容,通过微博传递企业品牌形象,提高企业知名度和美誉度。

二是内容互动型。内容互动型微博的主要功能在于维系企业同粉丝、用户之间的关系,强化企业在消费者心中的形象。因而,该类型微博发布的主要内容是向用户传递关怀,突出企业的用户导向理念。

三是业务销售型。从本质上说,企业开展微博营销的目的是盈利,因而可将微博直接定位于产品销售或者服务购买,通过微博直接为企业带来经济收益。例如,华为官方微博发布产品促销活动信息,将微博作为企业产品销售的平台,通过微博促进产品的销售。

(二)微信平台

微信已成为全民级移动通信工具,也是目前流量最大的新媒体平台。可以说,微信完全融入了国内网民的生活。具体而言,在微信平台上,企业常用的新媒体资源和工具主要有微信公众平台、微信群及微信朋友圈。

1.微信公众平台

利用微信公众平台账号进行新媒体营销活动,简单来说就是进行一对多的媒体行为活动,如商家通过微信公众服务号二次开发展示商家微官网、微会员、微推送、微支付、微活动、微报名、微分享、微信名片等,已经形成一种主流的线上线下微信互动营销模式。

自2012年上线以来,微信公众号的数量得到了迅速增长。经过数年发展,庞大的创作群体加速了微信公众平台的发展,尤其是粉丝数量的激增促使公众号从单纯的内容输出向商业化、专业化转变:企业通过企业号、服务号发布官方信息,并直接与用户沟通,通过订阅号的打赏、推广广告等方式进行流量变现。微信公众号已形成广告推广、电商运营、内容付费等清晰的商业模式。围绕公众号产业链聚集了大量第三方运营企业。

微信公众号按照功能定位可分为以下几个主要类别：

（1）客户服务类

客户服务类公众号主要面对销售型企业或公共服务行业，如"招商银行信用卡"公众号，针对每个关注的粉丝客户，通过登录实现账户实时消费动态、在线消费查询，以及会员积分兑换等。它适合大的连锁企业，每个粉丝都来自消费者或线下门店，能够为粉丝客户带来持续性的服务和跟踪。

（2）品牌推广类

品牌推广类公众号主要用于打造公司品牌形象，向粉丝或消费者传达公司的品牌理念和企业动态等，如"锤子"手机，不论其产品销量怎样，其"情怀"理念的传导加大了传播力度。粉丝对品牌理念的认同会进一步吸引更多粉丝，引起品牌共鸣，实现企业销售的扩大与品牌知名度的提升。

（3）销售渠道拓展类

微信巨大的活跃用户数量对任何一个企业来说无疑都是一座待发掘的"金矿"。销售渠道拓展类公众号主要通过微信与微信支付的便捷性，打造纯销售或者促销信息整合的平台。这类公众号属于销售的承载平台，目前已经有很大一部分人开始深入这个领域，出现了一批热销于朋友圈的产品，如水果、特产、美容产品等。微信公众平台既是其销售的管理平台，又是线上重要的传播渠道。

（4）媒体资讯发布类

媒体资讯发布类公众号目前数量占比相对较多，如央视新闻、第一财经周刊等。这类公众号的内容具备即时性、真实性、深入性，适合打造行业或个别领域的资讯解读平台。另外，这也是将 PC（个人计算机）端或纸媒的流量和粉丝导向自己的公众账号，可以让粉丝更加便捷地获取其关注的资讯信息的不二之选。

（5）个人自媒体类

个人自媒体类微信公众号可以用包罗万象来形容，是微信公众平台上最多的一种类型，如逻辑思维、蛋解创业、假装在纽约等都是行业内比较出名的微信公众号个人自媒体。这种大型的个人自媒体也在逐渐向企业运营转变，因为自媒体终将面临变现的问题，其一般会吸引由个人原有影响力带来的忠诚读者、被优质内容吸引来的粉丝，还有被自媒体人的各种价值观所影响的追随者。这类公众号更多是以个人魅力与发布优质原创内容为吸引之处，并不适合企业来做，但是可以尝试用自媒体的方式把企业的代表人物打造成为一个自媒体大号。

2. 微信群

微信群是用户社群运营和客户服务的载体，它的传播形式丰富，包括但不限于文字、图文、语音、视频、位置、名片、第三方应用等，具有移动互联网的创新性和有效性，打开频次更高，用户体验更佳。

利用微信群进行营销，就是借助平台用户基数大、活跃度高的特点进行的，包括品牌推广、活动策划、个人形象包装、产品宣传等一系列营销活动。微信群营销的特点及优势体现在以下方面：

（1）成本较低

相对于动辄上千万投入的传统营销方式而言，微信群营销以其低成本、高回报的优势获得了众多企业的青睐。在传统的营销者看来，如何让更多的人了解自己的产品并转化为购买行为是他们营销的重要工作。但在微信群中，每一个个体都是购买力和传播力的结合体，无论"购买"还是"传播"，用户都能为企业带来巨大效益。

（2）较为精准

微信群的功能定位就是告诉别人这个微信群是干什么的，每个微信群都有自己的作用，这个定位越具体、越细化，就越能够精准吸引目标用户。当群成员根据群功能定位察觉该群并不适合自己时，就会主动退出群聊；而真正有需求且适合这个圈子的人就会留下来，到最后留下的通常都是真正适合或喜欢这个微信群的人。精准营销也为许多企业找到了可行的营销方法，将硬广变为软广，从"茫茫人海"转向了"特定社群"，这不仅节省了成本，还带来了众多的精准客户。

（3）裂变较快

裂变原理告诉我们，每一个微信群里的成员之间都有着千丝万缕的联系，好像一个"鱼塘"，具有自裂变属性和社交属性。因此，营销人员可以在微信群里策划一系列的方案，将粉丝瞬间"引爆"，最后抓住时机有条不紊地扩大微信群的规模，实现数据库的快速倍增。

3. 微信朋友圈

作为熟人社交中非常有代表性的一个圈子，微信朋友圈是人们分享自己日常生活的地方。与微博这种开发式的社交平台不同，微信朋友圈具有一定的私密性，人们更愿意通过微信朋友圈去关注和了解亲朋好友的生活状态。

微信朋友圈具有以下优势与特点：

①私密性强，传播圈层封闭。由于微信的封闭属性，朋友圈的内容仅限于微信好友进行查看。

②信任度高，沟通有效性强。微信朋友圈实际上是一个熟人的圈子，在朋友圈分享并不仅是与熟人间的情感交流，更是进行互惠互利的商务活动的契机。

③形式多样，可扩展性好。微信朋友圈可以发布文字、图片、短视频以及链接等内容，好友通过分享就能实现引流，被分享的人也可以通过识别图片上的二维码来阅读更多内容。

（三）网络视频平台

1. 长视频平台

网络视频行业是指在互联网上提供免费或有偿视频播放、下载服务的行业。视频内容来源主要有用户上传原创内容、向专业影像生产机构和代理机构购买版权内容以及网络视频企业自制内容三种渠道，涉及电影、电视剧、综艺节目、体育赛事等内容产品的生产与传播。经过多年的发展，中国网络视频行业格局已经初现，爱奇艺、腾讯视频、优酷、搜狐视频、凤凰视频、芒果 TV 等平台成为中国网络视频行业的中坚力量，哔哩哔哩等平台则凭借相对差异化的定位和内容品牌优势也占据了一定的市场份额。

综合来看，爱奇艺、腾讯视频、优酷三大平台内容选择和分发能力并不存在显著的差距，但侧重点有一定的差别。具体来看：优酷更加侧重头部内容，选择重点投入较少的内容获得较高的流量，和几大影视公司合作密切；爱奇艺更加注重内容的多样性，同样重视腰部和长尾内容，合作方也更加均衡；腾讯视频更加依赖生态资源，重点在剧集方面发力，以维持平台流量。

2. 短视频平台

短视频用户规模保持强劲增长，用户获取与留存能力可观。此外，短视频占据大量碎片时间，正符合时下用户的消费习惯。用户碎片化的使用习惯和丰富的优质内容提供促成了短视频用户黏性的提升。

（四）直播平台

1. 直播平台的发展阶段

网络直播从产生之日起就以平民化的个性色彩进入网民的视界。网络直播从兴起到盛行经过了三个发展阶段。

（1）直播 1.0 时代

网民主要通过计算机上网，直播从各平台推出的秀场开始兴起。

（2）直播 2.0 时代

网络游戏的流行催生了游戏直播，网络直播市场进一步垂直细分。

（3）直播 3.0 时代

随着网络技术和智能终端设备的普及，映客、花椒、一直播等新兴的移动直播平台不断涌现，移动直播开始兴起。各类网络红人、综艺节目、电商导购等直播活动层出不穷，直播进入泛娱乐化的 3.0 时代。

各个网络直播平台在定位和直播内容上存在差异，企业要根据自己的产品属性和平台的流量、收入、运营能力来选择合适的平台。

2. 直播平台的特点

（1）实时互动性

用户能够即时参与互动，使用文字互动或视频连线互动，还能发送礼物支持喜爱的主播，从而加强参与感和集中度。

（2）传播范围广

网络直播的事件与话题效应强，可以轻松引发传播和关注，而且直播以视频作为媒介形式，便于二次传播和营销。

（3）精准营销

在各垂直细分领域进行的营销能够精准定位用户群体。

（4）移动端视频广告

直播顺应网络广告市场移动化、视频化的发展，更加贴近广告主及用户的口味。

目前，众多直播平台的内容都日趋多样化，各种类型的直播平台之间的界限变得逐渐模糊。直播内容整体向强互动、专业化方向发展，受过专业训练的主播主导的专业用户生产内容（PUGC）成为内容生产的中流砥柱。

（五）其他平台

1. 其他自媒体平台

在这个自媒体个人品牌时代，各大自媒体平台如潮水般涌来，各自具有鲜明的特点。新媒体人需要对主流自媒体平台的不同特点和差异有清晰的认识。

除微信、微博外，自媒体平台主要有以下几种：

（1）头条号

头条号："你关心的才是头条。"今日头条是一款基于数据挖掘的推荐引擎产品，头条号是今日头条旗下媒体／自媒体平台，为用户推荐有价值的、个性化的信息，即受众感兴趣的才是头条号推荐的。它面向社会人群进行高精准推荐，流量巨大，娱乐和新闻类的文章比知识类、文艺类内容更容易获得高阅读量。

（2）简书

简书："创作你的创作。"简书是一个优质的创作社区，是一个将写作与阅读整合在一起的产品，是一款写作软件，是一个主要受众为文艺青年和大学生的阅读社区。

（3）企鹅媒体平台

企鹅媒体平台（企鹅号）："让世界看到你。"企鹅媒体平台的主体用户为17～25岁的年轻群体，其背靠腾讯系媒体在企鹅媒体平台发布优质内容，通过手机QQ浏览器、天天快报、腾讯新闻客户端、微信新闻插件和手机QQ新闻插件可进行一键分发，实现内容更多、更精确的曝光。

（4）百家号

百家号："从这里影响世界。"百家号的主体用户为社会人群，作者在百家号发布文章后，通过手机百度、百度搜索、百度浏览器等多种渠道进行分发。

（5）大鱼号

大鱼号："一站式创作平台。"以男性青年居多的大鱼号是阿里文娱体系为内容创作者提供的统一账号。它实现了阿里文娱体系一点接入、多点分发、多重收益。内容创作者通过接入大鱼号，上传图文、视频，可被分发到UC、优酷、土豆等渠道，获得多产品、多平台的流量支持。

（6）搜狐号

搜狐号："再小的个体也能打造自己的媒体影响力。"搜狐号依托搜狐门户，是搜狐打造的分类内容的入驻、发布和分发全平台，是集中搜狐网、手机搜狐网和搜狐新闻客户端三大资源大力推广的平台。作为百度的新闻源，搜狐在百度的搜索权重占比较高。

2. 知识问答平台

随着用户对知识的需求日益增长，知识问答型产品乘风而起，市场上竞争者众多，涉及范围广泛，从最早的大众化内容到更加垂直深入的专业性知识，在某种程度上承担了部分科普与教育的功能。其中有维基百科、百度百科等图文形态的网络百科全书，还有知乎、新浪爱问等问答形态的知识平台。从内容上看，知识问答平台呈现精品化、专业化的特征；从商业模式上看，它在广告、用户付费之外探索了更多的商业化路径。

3. 音频平台

音频平台又称网络电台，是指通过网络为听众提供在线收听、下载、播客上传与 RSS（简易信息聚合）等多样服务的一种新型广播形态。伴随着移动互联网技术的发展与自媒体的活跃，兼具广播和网络优势的网络电台开始逐渐得到网民的关注，并取得了快速发展。随着智能手机、平板电脑等移动终端的普及，用户碎片化生活的习惯加深，以网络电台为代表的移动音频媒介迎来了爆发式增长，喜马拉雅、蜻蜓 FM、企鹅 FM、考拉 FM、懒人听书等一批移动网络电台应用如雨后春笋般涌现。同时，借助 UGC（原创内容）和 PVGC（专业用户生产内容）的互联网模式，大量的电台主播、自媒体、出版商纷纷入驻这些应用平台，使音频产业链的上下游被打通，以移动网络音频为平台的营销开始兴起。

整体来看，通过音频平台开展营销活动具有以下优势：

（1）营销模式多样化，避免引起用户反感

网络音频营销不同于传统广播的硬广告推送，广告更加人性化，从听众所属群体和需求出发，可以通过品牌冠名、软性植入、音频贴片等多种方式向用户推送广告，从而将广告和音频内容进行巧妙结合，有效避免用户的反感。

（2）通过大数据技术，实现精准营销

网络音频平台通过大数据技术对平台上海量用户的收听习惯和行为进行分析，根据用户的兴趣和爱好来推送信息，并结合场景对用户实现精准、定向的广告推送，提高了用户的黏性，减少了营销盲目性，有效降低了广告成本。

（3）用户反馈及时，广告效果易监测

与传统的广播、广告相比，网络电台的广告营销活动周期和跨度比较短，用户反馈更及时，用户在接收广告信息后会快速作出反应，同时依托先进的网络技术支持，可以有效监测广告投放效果，数据更加可靠。

第三节　新媒体营销人员的技能素养

一、素材积累

（一）素材的含义和重要性

1. 素材的含义

在《辞海》中，"素材"一词的释义是"文学、艺术创作的原始材料，即未经提炼和加工的实际生活现象"以及"编纂书刊的第一手材料"。[①]在新媒体中，素材是指制作或搜集的、未经过作者加工、尚未提炼的原始材料，包括人、事、物和书本知识等。素材是感性的、零散的、不系统的。

2. 素材的重要性

从新媒体诞生至今，很多新媒体平台都已经发展到相当成熟的阶段，每一个主流领域都已经有了头部大号，流量红利正在被稀释。尽管如此，各大平台每天仍有新的大号出现，新媒体仍然是众多企业不得不投入的一块阵地，是众多企业不得不借助的一种运营方式。为了让企业走得更远，也走得更加有力，目前企业在这一领域使用的最基本手段就是通过新媒体持续有力地推出吸引用户的新内容。内容是源泉，内容来源于素材的组合，如何收集整理新媒体运营素材对企业开展新媒体营销非常重要，可分为三步。

---

① 《辞海》编辑委员会.辞海[M].上海：上海人民出版社，1978：2166.

第一步是新媒体营销素材的积累。行业内有两个比喻来形容素材。一是素材如粮草。"兵马未动，粮草先行""手中有粮，心中不慌"①，粮草充足，是打胜仗、奏凯歌的前提和关键。二是素材如建筑材料。新媒体内容创作如同建房，素材是水泥、砖瓦等建筑材料。缺乏建筑材料，再好的设计师和施工队伍也难以完成建设。做好了素材的积累，新媒体内容创作就事半功倍。

第二步是新媒体营销素材的价值体现。新媒体是具备价值的信息载体，其传递信息功能源于内容有用，有用的内容本身就是媒体存在的价值。其吸引力必须具备影响特定时间、特定区域内的人的视觉或听觉反应的因素，往往生动有趣和对用户有益可以产生这样的结果。

第三步是有利于转化和变现的逻辑体现。素材的价值源于内容有用、形式有趣、用户有益、逻辑有关，这样转化和变现才会成为可能。

（二）网感及网感的练习

1. 网感

"敏锐的网络热点捕捉力"就是网感。网感是许多新媒体招聘岗位的加分项。新媒体营销要求在内容创作前，判断什么素材会受欢迎，哪些素材更具营销价值，怎样的方式加工素材更容易引起共鸣。紧抓实时的热点，收集、调用素材，及时处理推出爆款的内容，这需要具备网感并不断地进行练习。练习网感其实也是培养对话题、对人性需求的洞察力。

2. 网感的练习

（1）练习热点的捕捉

微博、知乎、百度贴吧、抖音、今日头条、豆瓣等新媒体平台都有自己的热搜榜。培养对热点的捕捉能力，要根据营销的产品，深度了解与产品相关的各平台上的行业信息，例如动向、事件、荣誉、观点、趋势等。

收集、捕捉到热点之后是创新。例如，借鉴话题，在热点内容上推出一个角度更新颖的观点；借用节日（节日往往本身就是热点），如情人节、劳动节；观点创新，在热门的观点上表达新领域情况，如从娱乐话题到商业管理等。

创新的目标是找到营销触点。热点再热也仅仅是生活中某个事件的放大，新

---

① 《古今汉语成语词典》编写组. 古今汉语成语词典 [M]. 太原：山西人民出版社，1985.

媒体营销需要将热点捕捉后创新成打动人心的某个营销触点。素材经过加工创新，需要产生强烈共鸣，并一定要关联在营销触点上，这是在营销工作中新媒体网感练习必须达到的。

（2）明白逻辑的关联

新媒体营销的逻辑是通过热点曝光来达到吸粉、转化、裂变的目的，而不仅是以曝光为目的。热点曝光只是新媒体营销的一个行为过程，最终新媒体营销的目的是转化变现、分销裂变。

上热搜的资讯、热门短视频、最新的八卦新闻等是热点，即便在流行传播中，依然是隔离于营销之外的信息，这些体现了新媒体的传播力量，还需要关联营销上的逻辑。新媒体营销的网感是在感知的前提下，将各种素材结合起来，快速进行加工创新，产出原创的、具有营销逻辑内容的作品。

首先，进行关联练习，应注意平台与平台之间的联系。如通过微博热搜看到一条有趣的讨论点，而这个讨论点与自身营销可以建立话题的关联。原来的微博文字可以由类似的新话题以短视频形式迁移到视频号或抖音等自身运营的其他平台，从而产生一番讨论。

其次，进行关联日常的训练。从目前比较擅长或经常练习的平台出发，熟悉平台的内容规则、爆款的具体套路，关注相关账号，培养积累自己对热点、对该平台的敏感程度。实践中，要注意判断哪些与自身营销逻辑话题内容相关，哪些在这个平台可能会火，就注意收集这些素材创作并发布，同时跟进此热点的传播和营销业绩。还要注意，在寻找热点的过程中，除了要感受平台的氛围调性，还要做素材的日常积累。

（三）常见的素材收集来源

素材的收集分内部素材收集与外部素材收集。

1.原创素材的内部收集

（1）原创及来源

原创是由个人或团队独立创作，且内容唯一的作品。原创要注意素材收集。产品或服务的人、事、功能、新闻、背景、动态、历史等，都是原创素材收集的内容范围。

（2）素材收集要形成内部收集规范

内部收集是根据营销目标和销售计划，在选择好内容以及具体的新媒体呈现方式后，针对产品或服务进行素材的收集、整理、创作，包括记录写作的文案素材、拍照的图片素材、录音的音频素材、录像的视频素材等。

（3）原创素材的重要性

良性、健康的创作环境可形成鼓励创作者发布高质量的原创内容的氛围。

抖音平台支持原创。抖音平台也为创作者提供了良性、健康的创作环境，鼓励创作者发布高质量的原创内容，持续对抄袭、搬运等侵权行为进行严厉打击。

根据《抖音社区自律公约》及《"抖音"用户服务协议》的相关条款，抖音平台对抄袭账号会进行封禁投稿或永久封禁的处理。创作者如遇到被抄袭、搬运等侵权情况，可在抖音 App（软件）内找到侵权视频，点击分享→举报→侵犯权益，提交投诉材料进行侵权举报。抖音平台的维权功能，支持创作者一次性提交多条全网侵权线索，维权进度实时可查。

2. 常见参考素材的外部收集

（1）常见参考素材的外部收集渠道

①网络常用搜索引擎。用百度、好搜、搜狗这三大搜索引擎能直接收集标题和文章内容。

②微信"搜一搜"。微信是用户群体很广泛的 App。通过微信"搜一搜"功能可以搜索微信指数、视频、直播、公众号、朋友圈、文章、百科、视频号、商品、问答等内容。

③知乎。知乎是很受年轻人群欢迎的知识交流平台。和传统搜索引擎相比，知乎问答开放平台给提供答案者与寻求答案者更多的发挥空间。

④微博热搜。微博的热搜榜是展示社会信息的重要窗口，"随时随地发现新鲜事"说明微博是一个信息沟通的平台。

⑤抖音排行榜。创作服务平台是抖音创作者的专属服务平台，让创作者及时掌握作品的反馈，从而根据用户的反馈进行内容创作的优化。同时还让创作者可以查看排行榜，收集热点内容。

⑥易撰自媒体工具。易撰基于数据挖掘技术，对各大自媒体平台内容进行整

合分析，为自媒体作者提供在运营过程中需要用到的实时热点追踪、爆文视频批量采集下载、微信文章编辑器排版、标题生成及原创度检测等功能。

⑦同领域权威网站。每个领域都有代表性网站，是很好的素材来源。例如，"从思考到创造"的虎嗅网，定位是聚焦科技与创新的资讯平台，为热爱思考与发现的用户提供有效的信息服务。

（2）通过外部收集渠道的参考素材与原创

通过外部收集渠道收集的参考素材，要结合自己的核心观点和原创素材，重新创作出原创作品。如果没有，则应避免简单组合出伪原创。联系原作者取得转载权也有可能增加关注量。

（四）素材收集计划的制订

1. 制订营销目标和计划

新媒体营销工作，必须制订营销目标和计划，清楚完成的目标和任务是什么。根据目标和任务分析自身的优势、劣势、机遇和挑战，并分析竞争对手的优势、劣势、机遇和挑战，即 SWOT 分析法（图 1-3-1），从中找出自身能满足用户需求的突破点。只有清晰地了解自身的目标和任务及营销推广核心优势和突破点后，才能够进行新媒体营销计划的制订。好的营销目标和计划，才能成为新媒体营销工作的好开端。

图 1-3-1　SWOT 分析法

在分析自身优势、劣势、机遇和挑战并找出核心优势——突破点后，制订营销计划。以现有的业务状况为基础原点，目标任务中的业务缺口就是必须增加的新业务量，销售计划依据必须增加的新业务量而定。从营销角度来说，新媒体素材收集计划的制订是建立在营销目标和销售计划基础上的。

2. 制订方法

（1）参考客户画像对内容进行规划

将自身核心优势——突破点进行提炼，与客户画像进行对照分析，找到客户需求与产品价值匹配的场景，新媒体就是通过展现这些场景组合进行营销。

客户画像又称客户角色、粉丝画像，是客户属性的集合，是用以勾画目标客户和确定客户诉求、策划营销方式的有效工具。营销中一个产品需要 2～6 种类型的客户画像。通过粉丝画像我们可以深入了解到粉丝使用的设备和兴趣分布。

客户画像对内容进行规划的价值主要体现在以下三点：

①帮助呈现产品，帮助了解客户需求，有助于不断迭代调整产品的传播重点。

②帮助确定市场策略，有助于调整营销内容、营销策略和渠道选择。

③帮助选择新媒体平台，有助于精准选择新媒体平台，提高转化率。

（2）将突破点与客户场景进行细分组合

用户场景可分为 Who（用户）、Why（动机）、When（时间）、Where（空间）、Service（服务）这 5 个组成部分。

① Who：用户。用户是整个用户场景中的主角。用户是用户场景成立的先决条件，没有用户就无法成立用户场景的概念。

② Why：动机。需求动机是任何营销触发的源头，没有用户需求动机也就无法构建用户场景。需求动机产生，刚好产品可以为其提供解决方案，才促成了这个用户使用的场景。

③ When：时间。以工作日为例，每天上午的起床、洗漱、坐车、打卡、工作，中午的吃饭、娱乐、休息、工作，晚上的下班、坐车、回家、吃饭、娱乐等，用户需求时刻都在变化。在不同的时间段，用户的需求不同，使用场景也有区别。

④ Where：空间。空间是场景中重要的组成部分，合适的产品需要合适的空间匹配。收集素材的时候，场景空间是要考虑的重要背景因素。

⑤ Service：服务。服务是对应用户使用场景中的解决方案，如果在用户需要

的时候，却不能提供很好的服务，满足不了用户的需求，就会使用户场景缺失。

（3）确定内容视角

在收集的素材中，相关的图像、文字和声音可以直接发布，也可以注重艺术观察的结合，然后配合图像、声音等形式处理好它们之间的关系，合理地研究和使用视角，唤起受众的情感共鸣。

①以第一人称的视角。叙述第一人称的视角，最大作用是让受众群体可以感知、还原"我"所在的场景、经历的事件，以描述内心世界为特色。

②按"上帝"视角的叙述。"上帝"视角也称为叙述视角，是第三人称视角的别称。第三人称叙述者能够以非现实的方式不受限制地描述任何事物。这一视角以在同一地点的不同时间点展开叙述，或是以多个角色的心声交替出现为特点。

③按专家或特定人物的视角叙述。以新媒体环境专家或特定人物视角，通过动画等方式来叙述，其特色是在创作方法上寻求创新，从而解决叙述讨论中的问题。

（4）选择内容呈现方式

客户画像、用户场景、叙述视角确定后，选择新媒体作品发布形式，如海报、直播、短视频、动图、公众号等，根据发布平台特点，收集素材的范围、要求，计划就明确了。

（5）建立素材库，坚持日常收集

如果平时素材收集输入太少，会不足以支撑新媒体营销所需的持续的内容发布输出。建立素材库并坚持日常收集很重要。素材库中应当包括标题库、内容库、图片库和音视频库。

二、图文处理

（一）素材收集计划制订中重视原创

从营销角度来看，新媒体素材收集计划的制订是建立在营销目标和销售计划基础上的，所以在素材收集计划中，要特别注意对原创的追求。

（二）开启新媒体创作

在很多新媒体营销主要工作岗位中，岗位的招聘要求都有"有敏锐的网络热点捕捉能力，善于搜集与编辑整理信息，拥有运营微博、微信等相关工作经验者优先"等，其中，敏锐的网络热点捕捉力和新媒体文案撰写都需要收集素材。新媒体营销中，产品专属宣传素材往往是从内部收集的，内部收集的素材通常被视为原创的。

原创是由个人或团队独立创作，且内容唯一的作品。更改、模仿或者抄袭其他创作产生的作品不属于原创的内容，翻译、整理其他人的创作所产生的内容图文也不属于原创。各新媒体平台都在支持、扶持原创作品。

那么新媒体有真正的原创存在吗？有可能完成原创吗？

根据营销目标和销售计划，选择好内容具体的新媒体呈现方式，比如，海报、信息长图短视频、直播等，或是地推。我们可以针对一个领域或者一个事件，按照自身的理解来消化且进行创作、整理，组合起来就可以称为原创。例如，某产品或服务，我们通过新媒体来营销，围绕这个产品和服务的人、事、产品的功能来展示撰写、描绘的新闻、背景、动态、历史等，同时将产品或服务的荣誉、行业认证等形象包装刻画出来，这就是原创。

一些看似平常的素材，如团队照片、工作照片、办公场所照片以及活动照片等，如果用多元化的展现方式能呈现出生活趣味，就是优秀的原创素材。所以，我们需要不断学习和积累，增加阅读量，从而提升自己的写作能力。对于电脑图片的设计技巧等，需要多去实践并注意加强艺术修养。在看到与自己领域相关的内容时，也应该记录下来作为今后的素材参考。搭建一个素材库，把独到的观点、突发的灵感、金句等都放进去，下次创作就会节省很多时间和精力，创作的灵感才会源源不断，更多、更好的原创素材内容才能生产出来。

就内部收集，以抖音为例，它有一个"热点宝"功能，汇集抖音热点，涵盖了每日的多条热点，也可查询历史所有热点。还有一个重要功能是协助创作者对潜在热点进行预测，预测事件热度趋势，从而快人一步发现潜在热点，提前7～14天知晓官方活动计划。

新媒体素材采集工具，可以协助采集新媒体素材，提高创作原创的效率。新媒体营销还要跟紧当下的热点，因为热点有机会产生巨大的流量。怎么在热点来临的时候，最快创造出内容呢？这一点就离不开外部收集。外部素材是从线上平台以及线下书籍、会展、论坛等收集的，包括使用百度、好搜、搜狗等搜索引擎直接收集标题和文章内容、图片信息；知乎很受青年欢迎，从中能搜索到很多知识；微博的热搜榜更是网民们透视社会舆论的重要窗口之一；虎嗅网、36氪等，也提供新商业、新科技、新创投、新职场等优质新闻。

外部收集的作用是提醒我们参考，但要防止伪原创。采集的内容很容易被直接使用并发布，也更容易被平台搜索引擎打上"盗版""抄袭"的标签，一旦被打上标签，再想获得排名就难上加难。

当按计划收集好图文素材，真正的新媒体创作就要开始了。

（三）文案写作与排版

1. 文案写作

新媒体文案写作是利用网络媒体与社交平台交互，进行有创意的、紧扣用户需求的内容输出，目的是实现营销目标，主要包括标题、摘要、正文的撰写。

（1）标题

标题必须起到吸引受众对文案注意的效果，设计标题时，常遵循一些原则：

①观点＋现象，如"强烈建议每个新媒体人掌握这个技能，涨薪不止1倍！"。

②亮点＋观点，如"大赛获奖者的共同场外教练，《新媒体营销实务》适用范围广"。

③关键词＋关键词，如"领资料＋免费课程＋免费会员——加群的看这里"。

④常用字词＋短句，如"爱了！这个方法太好用了，老板也夸"。

⑤悬念＋观点，如"为什么自媒体人越来越累了？因为'脑容量枯竭'！"。

（2）摘要

《国家文摘编号规则》对摘要的定义为"以提供文献内容梗概为目的，不加评论和补充解释，简明确切地记述文献重要内容的短文"[①]。摘要的作用是不阅读论文全文就能使人获得必要的信息，常见写作方法有：

①补充标题，摘要的第一句一般不与标题重复，而是标题的延续和补充。

②告知预期，用户经常通过阅读摘要来判断是否有必要或是否值得花时间认真地通读全文，所以摘要可以预告阅读收获。

③加强推荐，慎用长句，句型应力求简单且不分段。

---

① 汤彩霞，陈利霞.连续性资源组织[M].武汉：湖北科学技术出版社，2013.

（3）正文

①开头：一个好的开头能吸引读者有兴趣继续阅读，开头应该制造悬念，让读者可以感同身受，吸引读者的注意，引发读者的信任。

②内容：字数是有限的，不是说得越多越好，设想一下，如果自己看到一篇一万多字的文章，会有想看下去的冲动吗？内容要清晰，能清楚地表达出自己想要表达的东西。内容也可以引起读者的关注。

③图片：封面图要使用自己设计好的，不能随便在网上复制；图片根据内容来选择和设计，不要乱搭配。

④结尾：要用心地做，一个好的结尾总能带来更多的转化率，从而更好地达到营销目的，呼吁读者行动起来。可以是总结，让读者更好地吸收更多的知识；可以是贴近读者的话语，让读者能找到共鸣，引发更多的思考；可以是引用，使读者感触颇深。

2. 文案排版

（1）发布平台内排版（以微信公众号后台图文消息栏目为例）

①文案排版基础部分。这一部分包括格式、字号、加粗、斜体、下画线、删除线、字体颜色、底色、对齐、首行缩进、两端缩进、段前距、段后距、行间距、字间距、序号列表、插入表格、引用等功能的应用。

②优化排版。这一部分包括图片、视频、音频、超链接、小程序、模板、选择封面、120字符以内的文章摘要等的添加。

（2）采用在线编辑器排版

排版可以通过135编辑器、秀米、壹伴等在线编辑器完成。

如秀米采用板块化编辑方式，无论是文字、图片还是模板，都被处理为相应布局，使排版拥有更多的空间。软件内也提供了一些可商用模板素材，使用这些素材可使排版整体风格比较统一。

使用时可以快速寻找与需要发布内容风格相近的可套用模板，对模板进行设置，调整一些细节，改成自己的图片和文字，完成排版。

扫码授权登录自己的公众号后台，就可以复制秀米上的排版内容，在公众号后台预览、修改、发布。

各个编辑器往往有在线学习教程，使用者可以借此快速熟悉掌握，提高工作效率。无论使用哪一种排版方法，相对一致的排版风格可以提高品牌识别度，提升品牌营销收益。

三、音频处理

（一）音频素材收集

1. 内部收集

自行制作的音频素材主要是解说、音效和录音。录音有两种方式：一是手机录音，二是电脑录音。

使用手机录音，以华为手机为例。在我们的手机中打开录音机，点击中间的录音图标，开始录音。录音结束了就点击完成，然后命名录音文件，点击保存，就可以看到刚刚完成的录音，点击可以进行播放，也可以分享。

使用电脑录音，这里以"迅捷录音"软件为例。进入主界面后选择"格式选项"，可以选择录音的格式，有 MP3、WAV 两种选项。然后点击"声音来源"，有"全部""仅系统声音""仅麦克风声音"三种选项。选好后，点击"更改目录"或"打开路径"，分别更改目录和文件保存位置。最后点击"开始录制"，软件就会根据所设参数对电脑音频内容进行录制，并存储录制的音频。

在录制音频时，要注意防震。手持话筒，话筒和手之间的摩擦及手的晃动容易引入一些噪声。可用棉布包裹后再用手持，以减少噪声；使用话筒架，使话筒和建筑物直接接触，很容易将地板及建筑物的振动传入话筒，噪声是较为明显的。可用柔软的棉布松软地包裹话筒的手持处，再固定于话筒架上。话筒架的脚部垫上软物效果也不错。

话筒与嘴间的距离应控制在 8～10 厘米。还要注意将话筒远离显示器，必要时将显示器关掉，以避免显示器工作时向外辐射电磁波干扰录音。

2. 外部收集

外部收集以从线上平台收集为主，如爱给网、耳聆网都收录了上百万的音效素材，包括常用的音效、影视音效还有游戏音效等，分类明确，基本可以满足日常剪辑的音效需求。

对京东合作商家和京东平台达人用户免费开放的京东版权素材中心，内含上亿张优质版权图片素材，包含创意图片、设计素材、人物肖像、矢量 ICON（图标）等种类，同时引入多样化的主流字体等，也有音频素材。而免费也会涉及版权问题，在收集网上的素材使用时，需注意使用范围和场景、方式。

（二）常见的在线音频编辑器

1. 音频编辑的内容

音频编辑主要是对音频剪辑和混合，包括对音频素材进行录制、裁剪、视频提取、调整长度、调整音高、淡入淡出、插入静音、插入噪声、倒放、编辑多个频道、音量关键帧调节、降噪等。

编辑后的音频输出有 MP3、WAV、MP4、WMA 等格式的音频文件。

2. 常用在线音频编辑器

万兴喵影、Adobe Audition、迅捷文字转换语音、迅捷音频转换、剪映、闪电配音等在线音频编辑器较常用。

（三）音频处理的效果

新媒体音频处理中常需要将图片中文字和不同格式的文字转成语音，进行配音和语音合成。

1. 文字直接转语音和配音

①使用"迅捷文字转语音"软件。进入软件界面后，点击窗口左侧"文字转语音"，弹出"输入文字转语音"，将文案复制粘贴进去。

②在软件界面窗口下方是设置部分，在里面可以选择语音类型，如热门、女声主播、男声主播、童声主播等。风格、语速、音量、背景音乐、主播语调、输出格式、输出路径都可以设置。

③设置过程中，可以点击"试听一下"进行试听。

④最终确定后点击"开始转换"。

2. 图片文字转语音

①使用"迅捷文字转语音"软件。进入软件界面后，点击窗口左侧"工具箱"，弹出"图片翻译"。

②在软件界面窗口中间下方点击"添加图片"，可以直接添加 JPG、JPEG、PNG、BMP 格式图片，然后点击软件界面窗口右侧下方"翻译"。

③图片中的文字将转换到软件界面窗口中间，可校对并直接修改。

④最终确定后，重复"文字直接转语音"操作，就完成了图片文字转语音。

使用"迅捷文字转语音"软件，还可以完成录音转文字、视频转文字、视频转音频等在线编辑功能。

四、视频处理

在以视觉传媒为主的时代，视觉叙述打破了长久以来文字与图片叙述"一统天下"的绝对优势，降低了对观众文化背景与经验的要求，使更多不同文化背景与文化程度的人都能够从视频中获得相应信息。

新媒体主要传播的是时长在 5 分钟以内的短视频内容。

随着移动终端普及和网络的提速，短视频的大流量传播内容逐渐占据各大平台。与千篇一律的同质化视频内容相比，原创营销作品往往更容易获得成功。因此，创作视频素材也是许多机构对相关岗位的职业技能要求。

参照以上要求，本书从以下方面介绍视频拍摄基础技能：

（一）视频素材收集

1.视频拍摄的基本方法

（1）基本设备

① 720P/1080P 的智能手机。

②补光灯。

③可支架固定的麦克风。

对视频画质要求更高时可选择微单相机、单反相机拍摄，灯光可根据需要增加主灯、反光伞等。

录音尽量使用支架固定麦克风，手持麦克风会因颤动带来噪声。

（2）取景构图

①特写，人体肩部以上。

②近景，人体胸部以上。

③中景，人体膝部以上。

④全景，人体的全部和周围背景。

⑤远景，拍摄所处环境。

在视频中，景别变化可以使故事情节的叙述、人物感情的表达、人物关系的处理更具有表现力，从而增强视频的感染力。

（3）运镜转场

摄影机在运动中拍摄的镜头，叫运动镜头，也叫运镜，应力求画面平稳、保持画面的水平。

①推，即推镜头，被摄体不动，由拍摄机器做向前的运动拍摄，取景范围由大变小，突出主体人物，突出重点形象。

②拉，即拉镜头，由拍摄机器做向后的拉摄运动，取景范围由小变大，把观众的注意力由局部引向整体，使人获得较为全面的印象。

③摇，指机器位置不动，机身依托于三脚架上的底盘做上下、左右、旋转等运动，可以更好地表现空间，表现人和物在空间的关系，可以把环境中的事物连起来表现。

④移，又称移动拍摄，移动拍摄专指把摄影、摄像机安放在运载工具上，沿水平面在移动中拍摄对象。移拍与摇拍结合可以形成摇移拍摄方式。

⑤跟，是摄像机跟随运动中的物体拍摄。有摇跟和移跟，也可以连摇带移地跟，作用是更好地表现运动的事物。

转场是运用空镜头接转下一个镜头，模拟"风""放大"等空镜头，可以让观众在情绪上缓冲过度的效果。

2. 外部收集视频素材

Pexels 素材网站提供海量视频素材模板、电子相册模板、特效素材、片头片尾、倒计时素材等。淘金阁、自媒咖、易撰等网站是目前新媒体下载视频的广泛聚集地。

（二）在线视频编辑器

常用视频编辑方式有以下几种：

1. 手机剪辑

使用快影、剪映等，可自由分割视频，其中还包含热门素材和特效与音效，可以直接导入。如登录抖音号可以直接把抖音收藏的歌曲在剪映上使用。

2. 电脑编辑

使用电脑软件或在线视频编辑器时，一般要求：

①常见视频格式互相转换。

②视频合并、分割、转 GIF。

③多种转场方式，无缝衔接。

④导入文件，智能生产字幕。

⑤智能配音。

⑥视频和图像混合打造双重曝光和艺术外观等。

如万兴喵影、迅捷视频转换等，都可以实现视频素材的添加、切割、合并、画面剪辑、字幕、配乐、配音、转场、格式转换。

（三）视频编辑效果

视频编辑是使用视频制作软件或在线视频编辑器对视频素材进行综合处理，使处理后的视频逻辑顺序和结构更严密，使用户的观感体验更好，进而生成具有强大表现力的短视频。

新媒体营销视频编辑的核心是内容、爆点、记忆点、满足用户猎奇心理等。

现在以"万兴喵影"为例，对视频进行剪辑、文字编辑、配乐、转场动画、字幕、滤镜等效果加工，并对格式进行转换操作。

1. 视频剪辑

①启动"万兴喵影"进入选择界面，从"媒体库"选本地文件，点"导入媒体文件到这里"将要编辑的视频或图片进行添加。

②点击要编辑视频的缩略图，视频片段将直接显示在编辑页面右侧，再点击编辑轨道中的"剪切"，弹出带有虚线框剪切和设置长宽比例的对比窗。

③在剪切对比左窗，将需要保留的视频内容放在虚线框内。在剪切对比右窗，可以预览剪切后的效果。内容和尺寸核对后，点击确定并保存。

2.编辑字幕

使用"万兴喵影",进入选择界面点击编辑轨道中的"文字",选择界面弹出的"自定义、片头、标题、字幕条、字幕、片尾、收藏"等使用场景。

①选择"字幕条"后,会出现可以使用的模板图示和相应编号。

②点击选用的字幕条模板,弹出"基本设置"和"高级编辑"。

基本设置包括字体、字号、斜体、排布、颜色等,高级编辑可以通过移动虚线框设置文字的位置和呈现的时间。

最后点击确定并保存。

3.配乐、配音

(1)配乐

采用"万兴喵影"进入选择界面。

①使用模板音乐,点击编辑轨道上方的"音乐",选择界面弹出"年轻、柔和、摇滚、民谣、电子音乐、收藏"等使用场景供选择。如选择"年轻"后,就会出现可以使用的模板图示和相应编号,点击可用。

②需要对视频中原有音频进行删除或修改,点击"编辑"后,使用"音频分离"可以将原音频从编辑轨道中分离出来。

修改功能有变速、持续时间、音量、淡入和淡出、变量、均衡器、音频降噪等。

③需要导入音频时,点击"文件"后,选择"导入"可以将电脑中本地音频导入。

(2)配音

采用"万兴喵影",直接将可以使用的配音文件按前述方法导入,如果是在图片上的文字或纯文字,则转换配音,在保存后导入。

(3)转场

在一个视频场景结束而另一个视频场景开始之间的视频处理叫作转场,可以达到视频连续的效果。

①采用"万兴喵影",点击编辑轨道中的"转场",选择界面左侧弹出"基本、3D、波纹和溶解、3D、运动模糊"等使用场景及示例小窗。

②选择示例小窗"楼梯"后,出现在编辑页面右侧的就是以楼梯为场景的转场效果,调整确定后保存。

4. 滤镜

滤镜加工是改变视频素材显示效果的方法，如马赛克、涟漪、电视墙等。合理地运用滤镜加工，可以模拟各种艺术效果，对素材进行美化。

①点击万兴喵影编辑轨道中的"滤镜"，选择界面弹出"所有、抖动、电子音乐、夜生活、背景虚化"等使用场景。

②如选择"所有"后，出现可以使用的模板图示和相应名称。点击"电视墙"后出现在编辑页面右侧的，就是以电视墙为场景的滤镜效果，调整确定后保存。

5. 分屏

①点击万兴喵影编辑轨道中的"分屏效果"，左侧选择界面弹出大红框中的使用模板图示。确定模板后点击小红框。

②出现在右侧编辑页面的是小红框的分屏效果，将所需要的视频分别导入、编辑，确定边框颜色后保存。

6. 格式转换

从不同平台上下载的视频格式经常是有区别的，遇见视频格式不兼容的问题时，需要对视频格式进行转换。

（1）修改文件扩展名的方法

修改文件扩展名的操作十分简单，直接修改文件的扩展名，就可以快速将需要的视频格式转换出来。如更改视频文件的后缀名时，在电脑中选中某视频文件，点击"重命名"命令，将原视频的格式改为"MP4"或其他格式均可。如果有导致文件不可用的提示弹出，可尝试点击"是"。

（2）在线视频编辑器的格式转换方法

在前述视频格式转换过程中，可能会发生视频内容损坏的情况，为了文件的安全考虑，可借助在线视频编辑器进行转换，如迅捷视频转换器，它在格式转换方面功能很多。

①打开迅捷视频转换器，选择页面左上角的"视频转换"栏目。

②进入视频转换的页面后，我们可看到软件支持多种格式进行转换，例如，MP4、MKV、MOV、AVI、WMV、M4V、VOB等，点击"添加文件"可上传需要转换格式的视频。

③"迅捷视频转换器"还有单独转换动图的功能。

（3）音频和视频的不同运用场景

①音频：编辑作品完整；效果音结合整体效果好；编辑细腻，素材间过渡平滑，无明显跳音；主声与伴音音量配合得当，无喧宾夺主现象。

②视频：画面清晰连贯，故事线完整，有逻辑性和重点；转场连贯不生硬，合理运用蒙太奇。

五、H5 的制作和使用

（一）H5 的含义

H5 准确来说是一个技术合集，主要为文字、视频、音频、图片、动画等多项技术的融合展示。

H5 页面制作工具，提供 H5 页面场景应用制作，能在新媒体营销中提升传播价值的敏感度、树立品牌和产品形象、融入分销裂变功能、跟踪推广效果数据。

新华网股份有限公司《新媒体运营职业技术等级标准（2021 年 1.0 版）》对 H5 相关岗位的职业技能要求如下：

1. 初级要求

能够初步了解 H5 的展现形式，掌握至少一种 H5 的制作工具及其页面制作的方法。

2. 中级要求

能够初步了解 H5 的展现形式，掌握至少两种 H5 的制作工具及其页面制作的方法。

3. 高级要求

H5 的开发。

（二）H5 的展现形式

快速搭建一个 H5 营销场景，一般会考虑以下几种类型的 H5 展现形式：

1. 展示类

比较简便的方法就是静态或动态展示。幻灯片（PPT）和广告画面直接摆放在 H5 中，如果真正了解用户特征，这种展示形式是很好的快捷选择。

2. 交互类

交互类典型的特征是利用手机独有特性，通过一个动作才能引发下一个画面，让用户实现了互动。

3. 参与类

参与类的受众不仅仅是 H5 内容的阅读者和转发者，他们还能够参与内容的个性化修改，形成各种各样的参与场景。

用户调研、餐饮服务业叫号排队、游戏等 H5 营销场景增加了用户与商家互动的乐趣，可提高店铺的转化率。

4. 数据类

数据类的 H5 页面，可以进行读者的身份认证，通过一些 H5 活动页面进行买家的喜好、地理分布等信息的收集，并在后期进行数据分析，为后期的精准营销做准备。

（三）在线制作 H5 的工具

以人人秀为代表，易企秀、MAKA、秀米、初页、秀展等 H5 制作工具被广泛使用，可以完成海报、长图、表单、互动游戏、小程序等场景的制作。

如果要进一步实现抽奖、拼团、摇一摇、微信红包等多种营销活动，凡科互动，还有 720 云这类 H5 制作工具比较常用。

适用于专职设计人员开发，需要用户编写代码的 H5 制作工具有 iH5。要想交互功能和动画功能效果出色，可以使用零代码制作轻应用的 Epub360（意派）。

（四）H5 的制作及发布方法

1. 选择模板

以"人人秀"为例进行 H5 页面设计。先根据内容选择模板。内容方面有四点常见用法。

①紧跟时事话题，利用热点效应。

②讲好的故事，引起情感共鸣。

③加入声音特效，效果更逼真。

④结合各种节日，围绕大家关心的节日话题出招。

内容确定好后选择"人人秀"H5 中的模板，按类型、用途、功能、销量进行划分。

2. 在线编辑

选择模板后，进入 H5 模板编辑页面。

在编辑页面顶部有"文字、图片、特效、表单、互动、音乐、保存、预览和设置、发布"等按钮。

当点击"文字"按钮后，文字的样式、颜色、字体、大小、加粗等功能就显示出来。

当点击"图片"按钮后，图片库就可以使用。同样，"特效、表单、互动、音乐"这些功能确定素材合适后都可以点击"保存"使用。

3. 预览发布

点击编辑页面右上角"预览和设置"按钮，可以对微信朋友圈或微信群的展示进行设置，包括加载 LOGO、设置翻页方向和动画等，最后发布。

以上是基于"人人秀"H5 页面设计的操作介绍，其他 H5 制作工具的操作也类似。

H5 发布后，发布的效果依靠流量分析。流量分析就是指通过获得的用户 PV 访问量、访问时间、UV 独立访客等基本数据情况进行分析。

PV 访问量，即页面浏览量或点击量，衡量用户访问的数量；在一定统计周期内用户每打开或刷新 1 个页面就记录 1 次，多次打开或刷新同一页面则浏览量累计。

UV 独立访客，统计 1 天内访问的用户数，相同的客户端多次访问只计为 1 个访客。

从 H5 后台数据中发现访客访问 H5 的规律特点，然后把这些规律与相应的营销策略结合，找出新媒体营销中可能存在的问题并发现机遇，并为进一步修正或重新制定策略提供依据。

第二章　短视频营销的理论分析

本章的主要内容为短视频营销的理论分析，主要从四个部分进行了阐述，依次是短视频的基本概念、短视频的拍摄制作、短视频的数据分析、短视频的行业选择。

第一节　短视频的基本概念

新媒体时代，短视频以其短小精悍、内容丰富、创意十足等特点迅速崛起，成为当下热门的新媒体宠儿。

以短视频的方式传播信息，开启了媒体信息传播的新途径，也改变了大众接受信息与传播信息的习惯与方式。短视频因其信息传输与引流的"短、平、快"的特点，正在被越来越多的人接受和喜爱。

一、短视频的内涵

短视频，以"短"著称。短视频是短片视频的简称，是时下比较热门的互联网信息发布内容与方式，多发布在视频工具类平台或视频社交平台上。

短视频问世之初，时长一般为 15 秒，随着短视频创作者要表达的内容越来越多，短视频的时长也在不断增加：30 秒、57 秒、3 分钟、4 分钟……也有人认为，时长在 30 分钟以内的视频都可以称为短视频。

关于短视频的时长到底应该是多长，并没有一个统一的标准或平台要求。

短视频的内容短小精悍，视频时长大多不会超过 5 分钟。毫无疑问，"时长短"是短视频最大的特点，这也成为短视频在新媒体时代一枝独秀的重要原因。

本书认为，短视频是指时长在 5 分钟以内，在视听网络平台和移动端平台发布的、用于公开观看与分享的短片视频。

新媒体时代，人们的时间呈现出碎片化的特点，短视频正好填补了大众碎片化时间的空白，茶余饭后、上班路上、等餐和等人、旅游的过程中，都可以通过拍摄短视频、翻看短视频来打发时间。

但是，需要强调的一点是，观看和拍摄短视频，可不仅仅是"打发时间"这么简单。

时下，无论是个人还是团体，无论是自媒体人、时尚博主还是媒体团队，都可以制作短视频，并在各短视频平台发布短视频作品。

短视频已经成为现代人，尤其是媒体人记录日常、分享生活、传递声音的一种重要方式。

随着时代的发展以及科技的进步，特别是在进入 5G 时代后，短视频在成为人们日常生活中必不可少的一种娱乐休闲方式的同时，也成为人们获取一些新闻的途径。随之而来的就是一些短视频平台的兴起，如"抖音""快手"等。

短视频在当下之所以能火爆，是因为满足了大众当今碎片化的时间条件。在社会飞速发展的背景下，诞生了一些工作时间相对不固定的行业，并且随着各行各业工作压力的逐渐加大，相对充裕的休息时间逐渐减少，因此，人们对信息获取的途径逐渐从传统的电视、报纸、杂志等媒体转换到网络。

同时，随着人们获取信息途径的改变，人们对于信息类型的需求也随之改变。从以前电视、报纸等传统媒介的"展示什么样的内容就看什么样的内容"转变为"只关注自己感兴趣或对自己有用的内容"。人们逐渐形成了有选择的信息获取习惯。

作为短视频的创作者，需要了解短视频平台针对用户以及观众的推送方式。以短视频平台"抖音"为例，当用户在抖音平台发布新的视频后，平台会将所发布的视频随机推送给一小部分用户进行网络交互行为的测试，若在这一小部分的用户范围内的网络交互行为有好的效果，如点赞、评论、关注、分享等，那么短视频平台会将作品推送至更大的观众范围，以此类推，即"去中心化算法"。这种去中心化的算法，将用户对创作者的喜好与评价放在首位，依托用户对作品的评价作出综合性的推荐。

对于用户来说，平台使用去中心化算法的优点在于能够依据用户的喜好，通过对用户点赞、评论、浏览类型的分析，将用户最喜欢的内容类型优先推送给用户，极大地减少了用户浏览相对不喜欢或不关心的内容的时间，为用户直观精准地找到所喜欢的内容。

同时，短视频"刷"的特点为观众带来了更加新颖的观看体验，观众不断进行"刷"的行为其实也是对所观看内容的一种筛选。通过这种筛选，平台可以挖掘观众的"无意识需求"，通过对观众"无意识需求"的大数据分析，从而对内容进行不断的优化和改良，给用户提供更优质的作品。

短视频平台利用这种方式来降低用户对观看内容的选择时间成本，极大地方便了观众对内容的选择，观众可以在相对碎片化的时间里直接观看到对自己有用的内容，填补了用户之前希望在碎片化时间内简单、便捷地获取有用内容的需求。同时，时长相对较短、内容相对精悍的短视频更加有利于用户在短时间的观看后获取更多的有利信息。因此，抖音等平台在算法上的更新、内容上的优化极大地迎合了当代观众对观看内容的要求及观看的习惯。

我们正处于一个分享的时代，很多人都乐于将自己的生活方式、生活态度、所见所闻以及自己所擅长的某一方面进行分享，而抖音等平台恰好给乐于分享的用户提供了很好的分享平台。抖音等短视频平台对短视频的发布门槛相对较低，不需要短视频创作者拥有一定的粉丝基础或者社会地位，而是提倡人人参与。正如抖音平台的宣传语"记录美好生活"一样，它积极地鼓励用户将自己美好的生活通过视频的形式呈现在大众面前。观众因此拥有了一个快捷地观看自己喜欢内容的平台，创作者也有了可以随时随地展示自己的机会。这种新型社交方式，通过创作者与观众之间的密切互动，既加强了用户对平台的依赖性，也极大地增加了平台的用户基数，为平台的推广提供了很多途径。

短视频平台在关注用户使用过程中的实用性、便捷性的同时，还关注着观众对感官刺激的需求。在抖音等短视频平台兴起之前，大部分的网络信息传播集中于微信公众号、微博、百度等平台，信息内容的传播也以文字和图片的形式为主。短视频通过最直观的画面、最直接的言语、视听语言的运用将内容直观地传达给观众。

在互联网时代，图文呈现的方式仅仅刺激到了观众的视觉感官，而短视频的兴起，不仅加深了观众在视觉感官上的刺激，同时，文字和静态的图片转变为活灵活现的短视频，还刺激了观众的听觉感官。在视觉感官的刺激上，不单单是由图片、文字转变为视频而已，短视频平台在拍摄的选项中加入了滤镜，使短视频创作者在创作之初就可以自由地选择想要达到的画面效果。在听觉感官方面，网络爆火的音乐可以很好地抓住观众的情绪。音乐抑或简单明快、抑或让人陷入沉思，在音乐的渲染下，作品的情绪被更好地带给观众。视觉与听觉的双重刺激也加深了观众对视频内容的感受，短视频也将观众的感官刺激带到了一个新的高度。同时短视频平台的音乐具有很强的传播性，也会使得一部分音乐成为"爆款"，这些音乐往往具有极强的模仿性，相似类型的作品也因此逐渐增多。在相似类型作品增多的情况下，只有那些内容优化、画面更加精致的作品才会脱颖而出，这样的良性竞争也为短视频平台的内容优化起到了很好的促进作用。

短视频平台通过对视频内容进行分类，能让观众更容易找到自己想要观看的内容，也让短视频的创作者更能明确创作的方向。在短视频给观众带来更强的感官刺激以及给创作者带来更多关注度的同时，短视频平台还会带来相应的收益。对于普通的创作者而言，通过短视频的创作与传播，可以让他们获取相应的人气和经济效益。而对于一些具有一定规模的机构、企业而言，短视频平台是一个很好的宣传渠道，通过短视频的宣传，可以提升企业品牌的知名度，获得更多的关注，树立品牌的形象，提升产品的销量。无论是普通的短视频创作者，还是大型的机构、企业，发布短视频所带来的利益满足了创作者本身的需求，也成为推动短视频行业发展的一大重要因素。

短视频的火爆是一种文化的体现，当今时代，网络视频在人们生活中的存在感已经超越了一般的娱乐项目。短视频凭借其内容的丰富性、观看的便捷性、创作的简便性、互动的参与感，已经逐渐发展成一种全民参与的娱乐项目。不同年龄、不同职业、不同身份的观众都可以在短视频平台找到对自己有用或自己感兴趣的视频内容。同时，短视频的创作者也通过短视频平台展现着自己的审美、想法和价值观。从之前单纯地进行内容的收看，到现在可以通过短视频平台足不出户地和全国各地的用户进行交流，短视频对文化的传播和知识的输出也有着极大的促进作用。短视频平台"捧红"了很多来自各行各业的"普通人"。这些日常生活中的"普通人"将自己普通生活中或恬静美好或风趣幽默的一面展现给观众，这种积极的自我表达、情感宣泄成为当下社会的精神文化、价值追求的重要映射。

短视频之所以能够在短短几年内呈现出如此火爆的趋势，平台针对内容进行的优化功不可没。在网络短视频平台上，不仅有严格的界限，而且还设置了青少年模式，让观众看到合适的内容成了短视频平台的第一要素。作为内容观赏者的观众，在被平台赋予了极大的权利后，从单纯的观看者变为了拥有举报权利的监督者。在平台和观众的多重监督下，短视频的内容愈发具有高雅的艺术感。同时，短视频具有的简便性、快捷性也使其成为一些观众的新闻来源渠道。具有权威性的新闻媒体也纷纷在短视频平台开通了账号，如在抖音平台拥有上亿粉丝数量的账号"人民日报"。作为我国老牌的传统媒体，其通过短视频的形式发布新闻，重新获得了广大观众的关注。同时观众也可以在短时间内通过短视频的方式，从视觉和听觉两方面来接受新鲜时事，并且可以加入全国各地同胞的讨论中，第一时间发表自己对新闻事件的观点和看法，增强了参与感。

短视频平台除了具有很强的娱乐性外，还具有很强的教育性。教程类短视频在各大短视频平台都有传播。这样的教程类短视频的创作者大多是在此行业内作出一定成绩的从业者或是该行业的佼佼者，为在某一方面有学习需求的观众提供了最简单便捷的学习方式。特别是对于学生而言，网络短视频平台上存在很多关于所学内容的补充知识，利用课余时间进行进一步的学习，在巩固知识的同时，对于自己的专业知识和专业能力也是一种有效的补充。而对于文化程度相对较低的观众而言，通过短视频平台接触具有艺术美感的作品，对提升观众的审美水平有很大的帮助。

总结而言，短视频大火的背后是时代的需要：科技飞速发展的社会需要有能够填充碎片化时间的娱乐项目，观众精神物质需求的不断提升需要具有审美并且符合其爱好的内容呈现，市场的不断优化需要有能够普及宣传的平台。而短视频平台对内容的严格要求、对市场的准确把握、对类型的精确分类、对不同用户需求的精准捕捉、对用户间自由互动的支持，都使得短视频成为当下火爆的信息传播形式，"刷"短视频成为观众在日常生活中不可或缺的一种生活方式。

二、短视频的发展

微博是最早推出短视频的平台，推出的具有视频功能的"微博故事"，激发了众多用户的短视频创作与分享心理，一时间，15 秒的"微博故事"成为网友关注和讨论的热点。

2011 年，GIF 快手（也就是后来的快手 App）开始研究并推出 57 秒的短视频，将近 1 分钟的短视频给了网友更多的创作空间。

随后，今日头条、小咖秀、斗鱼、花椒直播等平台，纷纷嗅到了短视频将在未来引领视频传播的火爆气息，纷纷完善平台功能，鼓励用户上传、分享短视频。

这一时期，各大平台的短视频作品数量、评论数量、分享数量呈井喷式增长。

2013 年前后，短视频已经成为非常火爆的一种视频形式。以往大众接触的都是数小时、十几集、几十集的电视节目、纪录片、电视剧，短视频的出现让大众耳目一新。

从几十秒到几分钟，短视频让人们能更多地在碎片化的时间里享受视听盛宴。

随着网络技术的不断发展和大众接触 App 机会的增多，2016 年成为短视频的火爆之年。

2017 年，短视频的数量持续攀升。

此后，随着人们获取信息方式的改变，手机 App 数量持续增多，短视频用户数量也呈现迅速增长的趋势。

短视频平台的用户数量之多、用户人群之广，足以证明短视频在大众中的影响力和受欢迎程度。

一个收获高流量的短视频作品，不仅能在某一段时间内受到短视频平台的积极推荐，更能成为某一段时间内的社会热点，并能实现跨平台快速传播，如从短视频平台"火"到微博、微信朋友圈、热门公众号，甚至能成为电视新闻节目中的素材。

现如今，短视频是一种社会信息传播方式，也是当下人们的一种生活休闲方式，已经成为人们日常生活中非常重要的一部分。

短视频使媒体信息的传播方式更加多元化，也改变了很多人获取信息的方式，将来还会带来更多的惊喜。

三、短视频的特点

短视频以视频形式传递、传达信息，具有视频的普遍特点，又具有自身的特点；短视频作为一种新媒体，具有新媒体的普遍特点，同时又具有自身的特点。

新媒体是以数字技术为依托，通过电脑、手机等网络终端向用户提供信息与服务的媒体，相较于传统媒体而言，是一种现代化的媒体形态。

短视频主要活跃在手机客户端，是非常便捷的一种新媒体形态，在新媒体信息传播中具有较大的影响力。短视频以大众喜闻乐见的方式走进人们的生活，它的特点也成为其广泛传播、备受大众欢迎的重要原因。

不同于电影和电视，短视频制作并没有像电影、电视那样具备特定的环境、特定的内容、特定的表现方式和大型团队的配置要求。其不仅具有生产流程较为简单、制作门槛低、参与性强的优势，还比传统媒体更具有传播价值。极短的制作周期和丰富的内容，使得短视频制作团队的工作更偏向于文案和策划。一个优秀的短视频制作团队的诞生依靠的是运营成熟的自媒体，内容输出高频而稳定，平台信息分类趋向精细化、垂直化，粉丝渠道也较为强大。

这里重点对短视频的以下几个特点进行详细解析：

（一）短小精悍、内容为王

由于时间有限，所以创作者需要花费更多的心思去吸引受众。于是短视频就需要放入大量的精彩内容，这便形成了短视频虽然短小，但是内容依旧具有完整性的特点。短视频的出现满足了受众日益多元化的媒介使用需求和碎片式的媒介使用习惯，因此占据了大量的用户市场。其视频时长普遍在 15 秒到 5 分钟。相对于文字和图片而言，视频可以带给受众更好的视觉体验，且在表达方式上更加生动形象，能够将创作者所要传达的信息更切实、更生动地传达给受众。因此，短视频所展示的内容往往较短，符合受众碎片化的接受习惯，同时还能降低受众参与接收信息的时间成本。短视频的核心理念就是时间短，如果内容不精致、不能在视频的前 3 秒抓住受众，就不能达到有效的传播效果。传统的长视频的发展方向不同于短视频，依靠长视频吸引受众的可能性比较小，所以短视频吸引受众的方式主要依赖于内容。对于短视频而言，短小精悍尤为重要。

（二）制作过程简单

在短视频出现之前，大众对制作视频的第一印象普遍为电视剧或电影。随着短视频的兴起，大众发现自己可以通过手机进行拍摄和制作，通过简单的处理就可以上传至网络，从而收获流量和关注，于是创作者数量大大增加。短视频之所以能逐步发展，主要依靠大众的表达和创作欲望。因此，国内出现了如哔哩哔哩弹幕网站、"优酷视频"等早期可以上传短视频的平台，允许用户将自己的观点或生活片段通过短视频进行分享。而抖音的出现则将大众获取信息的方式从贴吧、微信公众号、微博等文字图片平台转换成短视频平台。复杂制作过程的省略，让短视频作为互联网时代的一种新型媒介形态，以集文字、影像、语音和音乐等传播符号为一体的多元化复合媒体出现。

（三）传播性强

手机作为新媒体时代的传播媒介，其信息的传播真正做到了实时沟通——信息的生产者把信息通过手机发送给接收者，与此同时，信息的受众在获得信息后，可以迅速对此信息进行二次加工处理，并且及时进行反馈。新媒体依托于手机这种媒介在人与手机互动这一方面有着无可比拟的优势。

随着互联网技术的强势发展，手机作为新兴媒体高度介入信息传播之中，成为众多信息传播平台的有力载体。作为新兴传播媒介，其传播的个性化特征充分体现了新媒体传播性强这一特点。在此传播体系中，信息的传播者与接受者信息平等，两者在一定条件下达到了既相互独立又相互融合的状态，传播者与接受者之间没有明确不变的界限。短视频的制作门槛比较低，又依托于将手机作为传播媒介，且其发布渠道多样，因此使用户能够轻松实现直接在视频平台上分享自己制作的视频，很容易促成信息的快速传播。良性的传播渠道和传播方式使短视频传播的力度大、范围广，同时又保证交互性极强。

（四）社交黏度高

分众传播是近几年新媒体传播的发展趋向，信息的受众按照特定的标准，通过特定的途径，选择和过滤有效信息，进而屏蔽冗杂信息，这最大限度地决定了信息传播者所传送信息的意图能否实现。受众在接收信息时的主动性和个人偏好逐渐成为信息传播这一过程中实施的方向。在数字化时代，新媒体传播活动呈现出信息整合的形态，任何受众都可通过互联网、手机等传播媒介随时进行信息沟通，人际传播的性质得到飞速强化。

在当下的信息化网络时代，传统的广大受众开始逐渐被分割为趣味相投的"小众"受众群体，如兴起的各种网络社团、论坛群体等。在小受众之中，以相同的爱好或者兴趣为表征，受众也许更容易找到志趣相投的伙伴，这使传统大众传播固定的信息内容受到冲击，从而扩大了个人的意愿及表达空间，促进了社会信息时代的多元化发展进程。

在各种短视频平台和应用中，用户可以对视频进行点赞、评论、转发，还可以私信视频发布者，视频发布者也能及时对评论进行回复，这便是用户黏性中非常重要的环节。当短视频平台的用户重复使用或多次打开视频应用时，这一高频的使用过程被称为用户黏性高。社交是人类的本性，只要人存在就必然会产生不同类型的社交平台，一个广泛使用的平台就是一笔巨大的财富，而短视频平台利用了人们追求性价比、追求个性化的特点，在创作者和受众的互动过程中，平台为创作者和用户之间搭建信息传递的桥梁，在对内容进行组织、筛选、分类、提高短视频的内容价值的同时，为之提供精准的信息扩散、传导和交换服务，从而提高社交黏性。

（五）方便营销

直接消费性是新媒体的传播属性，这与新媒体的管理及营运方式密切相关。这一属性在可管理的网络及手机支付的收费模式两个方面表现得尤其突出。可管理的网络是手机作为电子智能型媒体的优势，依托大数据互联网技术，在现有的通信网络开发过程中，新媒体基于传统媒体管理架构，综合其个性特征，不断优化和革新，逐渐形成了极其方便的操作系统。不仅运营商可以在此基础上开展移动通信业务，对于手机用户而言，他们也可以利用这张网络来实现移动商务及电子消费。手机作为信息传播的媒介和载体，可以跳过传统的支付手段直接实现新的消费模式，这是新媒体管理消费中的基本内容。

基于手机媒体的个性化、针对性，信息效力的发展趋势才是新媒体直接消费性的关键所在。数字化商业时代的人已经可以按照自己的需要向网站提交商品的订购信息，再依托电子商务互联网进行支付。通过在线支付等功能进行移动电子商务的过程中，相关的金钱支付都可以通过智能网络系统进行账户费用自动扣除。

伴随着手机移动服务发展诞生的短视频业务，相比于其他的营销方式，其借助了短视频平台，在商品的营销过程中可以准确地找到目标用户，且更加精准。大数据时代，不同阶层以及年龄阶段的用户所观看的视频类型不同，以短视频平台直播的方式或根据想吸引的目标用户群体去精准、垂直地制作营销视频，更便于提高销量、推动经济。

短视频运营平台通过植入的方式，使受众在观看短视频的过程中，刷到基于大数据运算垂直推送的广告。广告有"硬广"和"软广"之分，一般"硬广"不易被受众所接受。"软广"的特点在于，既不易被受众第一时间察觉，又起到广告的传播作用，即在娱乐受众的同时，起到了宣传的作用。短视频或依托于短视频平台的直播，通过插入购物链接，让受众在观看视频的同时可以购买商品，也取得了更好的营销效果，实现了商家、短视频平台与作为消费者的受众之间的三方共赢。

同时，当下正值信息化时代，电子产品借此飞速发展。大众碎片化的时间逐渐增多，而短视频的形式就刚好迎合了大众的信息需求。

短视频相对于传统媒体的优势如下：

（1）深度化

在当下人人可进行视频化表达的信息时代，内容的进一步精细化处理，事实与观点的结合成为新媒体区别于传统媒体的优势。近年来，新媒体的发展尤其是新闻类短视频的发展，已不再趋向于新闻聚合，而是趋向不同媒体对于同一新闻事件的差异报道，提供具有创造性且新颖的新闻分析，进而形成了核心竞争力。

（2）垂直化

信息容量在短时间内的大幅度提升，必然会导致冗余信息的产生。因此，短视频的信息内容分类在垂直化、分众化等方面通过大数据、云计算的算法提高了信息与受众之间在传递过程中的传递速度和获取效率。目前的短视频平台利用算法使得信息可通过过滤、场景匹配等方式提高传播的范围，具备精确的指向性，使短视频的制作加入更多维度的考量，在原有横向发展的大趋势下，垂直细分出更多领域。依据不同人群、不同目标受众呈现出不同的主题以及表现手法，进一步满足用户的个性化需求。

（3）差异化

短视频与传统媒体的传播平台、接收端与接收状态的不同是两者的本质区别，尤其是对于新闻类消息。新闻类消息在传统媒体中具有完整性，基于视听语言的结构较为成熟，适合在特定的时间段通过电视屏幕传输。而新闻类短视频则依托于移动互联网，时效性更强、题材更广，尤其以片段化或泛资讯、泛娱乐类内容见长。在相同题材的内容表达中，新闻类短视频的叙事方式、视听符号的运用乃至制作流程与传统媒体不尽相同。短视频时代下的新闻类短视频，更多作为重大新闻事件的补充，"vlog新闻"便因此诞生。"vlog新闻"类短视频更侧重聚焦于事件焦点与亮点，或聚焦于个体，受众面较广。而传统媒体的长视频侧重信息记录和传递的完整性，力求深度报道。

总而言之，在当下信息爆炸的网络时代，大众作为信息受众，接收信息的方式发生了本质的变化，以往整体性、完整性的信息获取方式逐渐碎片化、短暂化。而短视频基于其短小精悍、制作简单的特征，在内容和形式上迎合了大众需求的优势，同时由于其传播性强等特性，使得短视频站在了新媒体传播的风口，在一定程度上刺激了消费和经济。而传统媒体也在新媒体的发展过程中吸取了经验，在内容上做深度化、在传播的广度上做垂直化、在形式上做差异化，这些是传统媒体在新时代的网络传播中作出的改变，并且已成为传统媒体融入当下社会的主要方式。

四、短视频的类型

随着短视频的不断发展，现如今短视频已具有时间短、内容丰富、制作过程简单易上手、创意鲜明、主题明确、传播性强、受众群体多、受众面广等特点。同时，其对外开放性、平等互动性等优势可以吸引到大量的群众参与其中。目前市场上存在的短视频类型繁多，短视频在选择平台进行推广及投放前，不仅需要对投放平台的长处与短板有清晰的认识，同时也要对短视频投放的基本情况有相关认知。

因为其自身拥有以上的这些特点与特殊性，所以短视频可以分为以下几种基本类型：

（一）剧情类

剧情类短视频包括搞笑型短视频、段子类短视频、恶搞型短视频、天性解放型短视频、剧情故事型短视频等。

首先，短视频的统一特点是时间短，因此，普通剧情类短视频的时间一般控制在 45 秒到 60 秒。

其次，剧情类短视频用户的构成较为复杂。其中，"素人"占据总数量的一半。这类人的标签主要是"萌宠""具有个性及标签性的个人"等。总数的另一半主要由明星、网红及部分 KOL（Key Opinion Leader，关键意见领袖）等组成。

最后，剧情类短视频观看的用户众多。大多用户会在点赞、评论的同时进行相关内容的转发。此类短视频具有广泛性与拥有巨大数量受众群体的特性，在所有短视频内容分类中，此类短视频占据了极大的比重。因为从事短视频创作的团队背景复杂、专业程度参差不齐，在平台模式和商业逻辑的共同作用下，作品形态呈现出以下几种不同的特征：

1. 内容和风格沿袭"娱乐化"

目前国内各大平台上的剧情类短视频大都以娱乐为主，通过对生活场景的戏剧化重构和演绎，来满足观看者对"爽点"以及心理解压等方面的需求。

2. "商业广告"味道浓厚

自媒体短视频作品在追求"变现"的逻辑下，会通过多种形式和渠道将短视频产品与商业融合，以实现个人或团队 IP 的"可持续发展"。剧情类短视频的创作者会尝试挖掘自身"硬广""软广""商品橱窗"等方面的变现价值，为后续的拍摄积极寻找"买单方"。以抖音中的某账号为例，该团队前期主要以拍摄原创搞笑短剧积累粉丝，之后以类似"广告剧"的形式植入广告，其广告内容与创作搞笑短剧融合起来，让粉丝得到欢乐的同时也实现了经济价值。

（二）娱乐类

娱乐类短视频包括歌舞型短视频、明星艺人型短视频、八卦趣闻型短视频、创意搞笑型短视频等。娱乐类短视频的特点主要体现在其互动性强、社交互动性黏度高。娱乐类视频创作者多为草根大众。这类短视频以搞笑创意为主，所以，在平台上可以迅速斩获大批量的粉丝群体。同时这类短视频因其带有娱乐性和具有轻松幽默的特点，可以在很大程度上缓解人们在现实中的压力，给枯燥的生活带来一丝乐趣。

（三）影视类

影视类短视频包括影视解说型短视频、影视混剪型短视频、影视片段剪辑推广型短视频、影视盘点型短视频、影视创新型短视频等。这类短视频的最大特点在于其要在有限的时间内讲好电影剧情，加入创作者的主观看法。因为短视频自身具有快、短、新的特点，所以要求创作者能够快速、有效地讲出影片的重点，让粉丝可以在短暂的时间内了解影片的剧情与相关热点话题。

（四）生活科普类

生活科普类短视频包括情感分析型短视频、美食制作型短视频、探店寻访型短视频、衣着服饰穿搭型短视频、美妆型短视频、母婴亲子型短视频、健康医疗型短视频等。

生活科普类短视频的特点为以下两点：

首先，此类短视频在创作内容上生活化。因其内容主要围绕生活中的各类话题展开，所以更容易满足粉丝对其内容实用性上的需要。

其次，观众接受门槛低。生活科普类短视频本质是在做知识的"解释"工作，即把严肃枯燥的专业理论，与观众实际生活中遇到的场景相结合，并转换为更容易让人接受的知识。"解释"知识的方式大大降低了观众的接受门槛，因此，受众范围较广。

（五）新奇创新类

新奇创新类短视频包括技术特效型短视频（涉及影视特效应用、运镜调度剪辑、极限运动等）、理财投资型短视频、探索新奇型短视频等。

首先，此类短视频拥有较高的技术门槛。此类短视频创作者应具有很强的实操能力与创新能力。在普通粉丝看来这类创作者所制作的内容具有较高的难度且视觉上具有很强的创新性，所以在此类视频的发布及推广过程中会积攒较多的粉丝量。

其次，此类视频具有较强的生活性。随着人民物质条件的不断提高，对于精神文化的需求和对于新鲜事物的接受度也在不断地提高。在此情况下，大众对新奇创新类短视频的新鲜度及接受程度也会随之提高，因为新奇创新类短视频能够让人们在工作学习之余接触到新鲜的事物并拓宽自身的眼界。

（六）文化教育类

文化教育类短视频包括国学推广型短视频、历史讲解型短视频、国风音乐表演型短视频、二次元文化表演型短视频、普法型短视频等。目前是短视频流行的时代，短视频相比于微信、微博通过文字讲述、利用图片辅助的传统形式，拥有音画同步的传播方式，因此，短视频在传播过程中的故事性和画面感在传播效果上会比微信、微博更好且更具有说明性。短视频能够更直接地冲击用户的多重感官，通过投稿、话题等互动方式可以让用户拥有更多参与感、群体感、场景感和代入感，短视频在传播过程中实现了更生动、有情感的互动。随着短视频的大火，这种新型传播方式已成为主流的传播形式，各个短视频平台上有众多的教师及其团队、教育培训机构开设了抖音号，短视频平台已经成为新媒体大环境下网络传播和宣传的标配。

其传播内容可以分为以下几点：

1. 情景剧或 vlog

采用此种内容展现形式的主要目的是将所要教授、宣传的内容或知识融入模拟的现实生活中去，让用户在观看时更加具有代入感和真实感。以这种形式来表现，会更加便于视频传播，但在拍摄成本上也会大大提高，如抖音短视频创作账号"人生回答机"便通过剧情引导观众的方式将人世间的道理讲述给观众。

2. 真人讲解

以半身出镜的形式来拍摄，如讲述逻辑推理的账号"韶华"的作品便使用了这种方式。这种以真人讲解形式进行拍摄的特点在于简单直观，只需要出镜的人在有限的时间内，以轻松生动、简洁易懂的方式表述其中内容。该方式适合对较为简单、可以速记的知识内容进行传播。

3. 实例教材

以教材上的内容为文字理论载体，以画外音解说的形式来讲述，会让观众更有上课的感觉，讲述内容时也会更加清晰、全面且深入。

4. 课堂录像

课堂录像处理是对于所传播内容及讲解视频素材的二次剪辑，如宣讲时的录像、在线课程视频、相关活动记录等的剪辑，课堂录像也是有效传播相关内容的一种形式。

5. 思维导论图拍摄

以思维导论图为内容形式传播的优点在于用户是以第一视角观看，能够更清晰地理解思维上所要讲述的内容及知识点，拍摄成本低。

6. 记录教学生活

部分机构、学校、公司及个人，大多采用此方法。通过真实的拍摄及后期的剪辑处理来记录现实生活状态及有趣的事情等。

（七）商业类

商业类短视频包括产品推广型短视频、营销养号型短视频、人文故事解说型短视频等。此类短视频推广及设定最大的特点就在于推广相关产品或是以发布博眼球的短视频的形式来获取大量的关注与用户群体。商业类的短视频在制作时就很明确地以盈利为根本目的。其中最为主要的盈利方式有三种：广告营销、短视频电商、内容付费。本书重点介绍前两种盈利方式，广告主要靠传统广告和原生广告。传统广告主要涉及界面弹窗广告、App 开屏广告、积分广告等。此类短视频中的传统广告大多是通过大数据运算来实现精准推送的，以此来提高客户转化率。原生广告是指一种新的消费者体验形式和一种新型的互动广告，原生广告以消费者平常的使用习惯为切入点，让消费者产生发自内心且自愿的消费体验。而短视频电商需要确立业务主体和发展方向。因为短视频平台对用户来说是一个娱乐社交平台，而电商对用户来说主要是用来满足购物需求的，因此短视频电商可能会透支视频的流量价值，所以要求此类商业性短视频必须在选择平台及受众群体中做好定位。

五、短视频与直播

实际上，从当前各大短视频平台的用户活跃程度与活跃方式来看，短视频用户发布的短视频质量越来越高，短期同类短视频层出不穷，成为引领时下社会热点的风向标。

如果经常在短视频 App 上刷短视频，或者本身就是一位短视频创作者，就会发现，在当下的短视频平台中，直播用户正在持续不断增加。

当前，通过各大短视频平台，用户可以上传、分享视频，也可以开直播，直播互动为粉丝提供了很多与主播互动的方式，如点赞、发表评论、打赏主播等。

短视频与直播相辅相成，为各大短视频平台带来了巨大的流量。

短视频与直播的区别：

短视频：先制作，后呈现；非实时性；时长短；面向用户多；通过评论与粉丝互动；重视分享；目的为休闲娱乐。

直播：直接呈现，实时性，时长较长，用户范围相对固定，通过回答讲解互动，强调社交、带货，目的大都是社交、变现。

第二节　短视频的拍摄制作

一、设备的选择

如今比较流行的视频拍摄工具主要是智能手机和相机，但手机和相机的类型也多种多样。如果创作者有很多的想法和思路，并且决定长期制作和发布短视频，那么就要考虑挑选一台合适拍摄的设备。

（一）手机

如果创作者刚开始做短视频，对短视频制作技术还不熟练，那么可以选择一款像素相对较高、防抖效果较好的手机。

手机可随拍随发，并且手机中的很多短视频软件本身就具有剪辑视频的功能，方便又容易上手，是短视频创作者普遍使用的一种工具。

（二）微单、单反相机

适合拍摄短视频的相机主要有微单、单反相机等，相对智能手机来说，这些相机拍摄的视频更加清晰、画质更好、更专业。如果对于短视频的画质要求较高，那么就很有必要准备一款专业的相机。

单反和微单相机的拍摄效果都比手机好，只是微单相机比单反相机更为轻便，具有携带方便的优势，单反相机则更加专业。

二、视频制作软件的选择

如果想要吸引更多粉丝关注，就要制作好看又有创意的短视频，那么选择合适的视频制作软件就变得非常重要。

可以制作短视频的软件有很多，这里给出三种不同的选择，分别是短视频平台、手机原装相机以及单独的短视频剪辑软件。

（一）短视频

如果只是简单分享自己的生活，那么现在很多发布短视频的平台都可以制作短视频，而且简单方便，制作完成之后就能马上发布。

以抖音短视频软件为例。打开软件进入其界面，点击下方的"+"标志，就可以拍摄、制作和发布自己的短视频了。

（二）手机原装相机

在智能手机的原装相机（也称手机自带相机、手机原生相机）中一般也会有制作视频的功能，而且效果也不错。创作者可以多多熟悉一下自己手机的原装相机，就能发现很多令人惊喜的功能，比如慢动作拍摄、多景录像，再比如拍摄一段视频后点击"编辑"，就能够跳转到视频剪辑界面。

（三）短视频剪辑软件

比较实用和专业的视频剪辑软件也有很多，通过这些视频剪辑软件能够制作出更加有趣、丰富和精美的视频。比如，常用的短视频剪辑软件有 VUE Vlog、剪映、快影、快剪辑即录等。

1.VUE Vlog

VUE Vlog 是一款应用较为普遍的短视频剪辑软件，其中剪辑和制作的功能比较全面，界面也简洁大方，使用方便。此外，VUE Vlog 中的音乐等素材比较丰富，特别是一些非常经典的滤镜效果。同时在制作字幕时，既可以手动输入，也可以用语音识别。

2. 剪映与快影

剪映是由抖音官方推出的一款短视频剪辑软件，支持切割、变速、转场、美颜、滤镜等多种功能。此外，这款软件还有拍同款、录屏等功能，如果创作者需要制作录屏或者想要跟别人拍同款视频，就可以使用这款软件。

快影是快手官方推出的视频剪辑软件，其功能和用法与剪映差不多。如果想要在快手和抖音上发布短视频，那么这两个视频剪辑软件就非常实用了。

3. 快剪辑和 Soloop 即录

打开快剪辑软件会发现，它的功能非常齐全，模板、滤镜、变速、去水印、录屏等各种功能应有尽有，而且其音频素材也非常丰富，还能边录制视频边识别字幕。快剪辑的各种功能使用简单、快捷、方便，容易上手，零基础也能制作出精美的短视频，视频制作好之后还能分享到快手、抖音、爱奇艺、优酷、今日头条等多个平台。

Soloop 即录也是一款非常便捷的视频剪辑软件，其独特之处就是有很多好看的模板，点击自己喜欢的模板，导入视频或照片，很快就能生成精美的短视频作品。Soloop 即录的"自由剪辑"里的功能与其他视频剪辑软件差不多。

三、拍摄稳定装置的选择

在拍摄视频的时候，如果设备没有配备稳定装置，那么拍出的视频就容易出现不稳、抖动的现象。在需要走动拍摄的时候，使用稳定装置非常重要。拍摄视频的稳定装置有很多种，常用的主要有稳定器、三脚架等。

（一）稳定器

如果平时用手机拍摄视频，那么就可以准备一个手持稳定器，这样拍摄时就不容易抖动，拍摄效果也会更好。

（二）三脚架

三脚架可以说是拍摄视频的利器，有了三脚架之后，不管是用手机还是用相机拍摄，拍摄出的视频都比较流畅和平稳。此外，三脚架还可以调节高低，这样在拍摄中找到一个合适的高度就变得简单了。

四、声音与字幕的制作

一段视频包括视频画面、音频以及字幕等各种元素，只有当这些元素都恰当地组合在一起的时候，短视频才会更加让观众舒服、逻辑清晰、主题突出。

录制好一段视频之后，在剪辑的过程中最好给视频加上字幕和声音，用以突出主题和烘托氛围。

（一）音频的制作

声音是视频中非常重要的一部分，可以突出主题、制造氛围，还可以与视频配合制造出很多其他的效果。

需要注意的是在制作视频时，视频画面和音频要保持同步，不能出现画面与配音错位的状况。

前述的视频剪辑软件——VUE Vlog、剪映、快影、快剪辑、Soloop 即录等都可以为视频配音，以下介绍每个软件的配音方法：

1.VUE Vlog 添加音频

打开 VUE Vlog 软件，点击界面下方的相机标志，进入短视频的制作界面。

点击"剪辑"，导入视频，进入视频编辑界面，点击"音乐"按钮进入音频编辑界面。

在音频编辑界面的视频轨道下面，有添加音乐的轨道和添加录音的轨道。

点击"添加音乐"，界面会跳到音乐选择界面，可以在系统自带的音乐分类中选择音乐，也可以从手机中选择本地音乐，还可以点击"从视频提取"。这样视频中的音频会被单独提取出来（或者也可以从别的视频中提取音频），放到"我的音乐"中，音频被单独提出来更方便编辑。

点击"添加录音"，可以录入自己的话，录完后点击完成就可以了。这样录出来的音频也是单独的片段，可以进行切割、替换等编辑（图 2-2-1）。

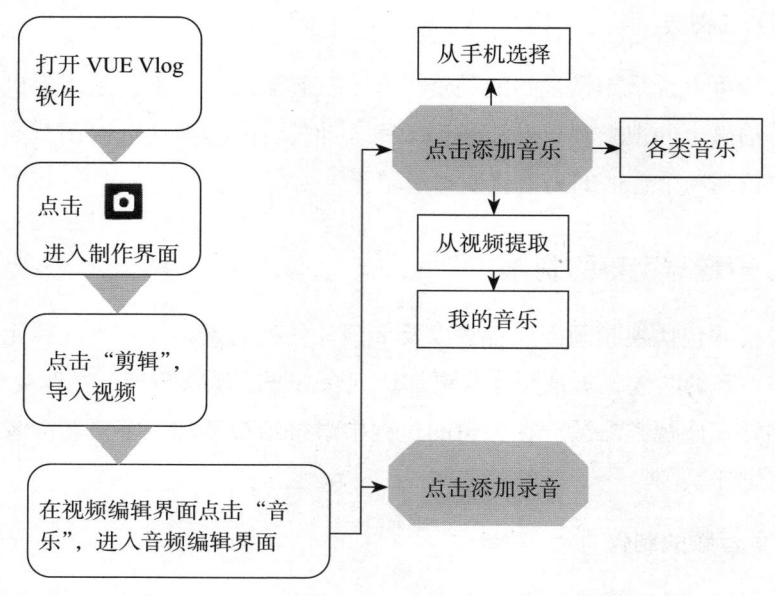

图 2-2-1　VUE Vlog 软件音频添加流程

2. 剪映添加音频

打开剪映软件，在首页中点击"开始创作"，导入视频。

在视频编辑界面下面点击"音频"按钮，或者在视频轨道下方点击"添加音频"，进入音频编辑界面。

在音频编辑界面下方，有一排按钮，包括音乐、音效、提取音乐、抖音收藏、录音等。

点击"音乐"，可以选择添加卡点、Vlog 等不同类别的音乐，也可以搜索自己想要的音乐。

点击"音效"，里面有很多实用的音效，比如，短视频中常用的笑声、疑惑声、各种转场声等。使用这些音效会让视频更有节奏感和氛围感。

点击"提取音乐"，视频里的音频就会被单独提取出来，方便编辑，比如，可以进行分割、卡点（踩点）、淡化、变速等各种效果的编辑。

点击"录音"，可以开始录制自己的声音。

3. 快影添加音频

打开快影软件，在首页中点击"开始剪辑"，导入视频。

在视频编辑界面点击"音效",音频编辑按钮就出现了,主要有视频原声编辑按钮以及音乐、提取音频、音效、智能配音、录音等按钮。这里点击视频轨道下的"添加音频"只能添加一些歌曲。

点击"视频原声",可以对原声进行一些编辑,比如,变声、降噪、调节音量大小等,快影的"音乐""提取音频""录音"等按钮,功能与剪映相近。

点击"智能配音",可以输入文字,系统会自动转成音频,而且还可以设置不同的声音。总体来看,在这里编辑音频,对于不想暴露原声的朋友来说是非常实用的。

4.快剪辑添加音频

打开快剪辑软件,在首页中点击"开始剪辑",导入视频。

在视频编辑界面点击"音频",进入后可以添加云音乐、音效、录音等。

在视频编辑界面中点击视频轨道下方的"音乐",就能添加云音乐和视频提取音乐。

5.Soloop 即录添加音频

打开 Soloop 即录软件,在首页中点击"自由剪辑",导入视频。

在视频编辑界面点击"音乐"就可以在音乐库中选择插入自己喜欢的音乐。回到音频编辑界面后,在视频画面的下方,有音乐库、音效、提取等按钮可供选择,如"提取"按钮的功能即提取原视频或者其他视频中的音频。

(二)字幕的制作

一个内容优质、有创意的短视频必然少不了字幕,在很多制作视频的软件中都有添加字幕的功能,并且能够通过语音识别在合适的位置添加字幕,从而为创作者节省很多时间。

字幕可以通过手动添加,也可以用语音识别自动添加。

下面以 VUE Vlog 软件的手动添加字幕以及剪映软件语音识别字幕为例,介绍短视频制作字幕的方法。

1.VUE Vlog 手动添加字幕

打开 VUE Vlog 软件,在首页中点击"剪辑",导入自己的视频,进入视频剪辑界面。

点击视频剪辑界面下方的"文字"按钮，再点击"字幕"，接着在播放视频的过程中按住红标，在合适的位置添加字幕。

当然，这种随着视频播放手动添加字幕的方式很容易出现错位，所以，可首先将视频片段切割成几部分，然后在需要字幕的部分手动添加。

2. 剪映语音识别字幕

打开剪映软件，在首页中点击开始创作，导入自己的视频，进入视频编辑界面。点击界面下方的"文字"按钮，再点击"识别字幕"，等待几秒钟，字幕就自动生成了。

自动识别的字幕可能会有出错的地方，可以在识别好的字幕文字上进行编辑和修改，还可以拖动它的位置。

五、创意剪辑，让视频更出彩

一个出彩的短视频作品，不仅需要构图完美、播放流畅的画面，优美、合拍的音频，准确恰当的字幕，还需要创意、独特的效果。搭配使用各种剪辑技巧，视频才能更有创意、更出彩。

那么，都有哪些剪辑的技巧呢？这些技巧又是如何搭配才能让视频更精彩、更吸引人呢？以下进行具体论述：

（一）巧用特效

特效就是给视频画面增添一些富有动感的效果。在各种短视频剪辑软件中，或者在抖音、快手等短视频平台制作视频的界面，都有添加特效的功能，而且里面的特效种类非常多。

这里以剪映软件为例，介绍短视频剪辑特效类别。

在剪映软件中导入视频，再在视频编辑界面下方找到"特效"，点进去后有⊘标志（表示不用任何特效）、收藏（自己收藏了才能看到）、热门、基础、氛围、动感、爱心、综艺、Bling 等众多选项，基本每一项中都有很多种特效可供选择，创作者可以在这里找到与自己的短视频契合的特效。

除了上述特效操作，软件中通常还有变速、画中画、动画、蒙版等特效功能，使用这些功能也能制作出一些独特的视频效果，创作者可以多多尝试。

（二）注重色彩

色彩在传达情感、塑造意境、营造氛围等方面起着非常重要的作用。所以，在视频中调出比较契合主题和意境的颜色，会给受众非常好的观看感受。在剪辑软件中，为视频调色的方法主要有滤镜调色和手动调色两种。

1. 滤镜调色

滤镜与特效一样，是常用的剪辑软件中都有的功能，而且有很多种类可以选择，每一种所呈现的色彩都不相同。

以快影为例，介绍滤镜的功能：

在快影中导入视频，然后点击导入的视频片段，在界面下方找到滤镜，点击进入"滤镜"，里面有原图（没有滤镜）、热门、人像、质感、风景、胶片、电影、复古、油画、美食等选项，每个选项里又有多个滤镜效果可供选择。

2. 手动调色

如果创作者有一定的视频剪辑基础，可以尝试手动调色，这样自主发挥的空间更大，更容易调出满意的视频画面色彩。

手动调色功能在不同的软件中有不同的名称，比如，VUE Vlog 中叫作"画面调节"，剪映和快影中叫作"调节"，快剪辑中叫作"画质调节"。

以快影为例，在视频编辑首页的"调整"中找到"调节"，点开"调节"选项，里面有很多调节光影和色彩的按钮，包括曝光、对比度、饱和度等。在尝试使用手动调色的过程中，创作者会慢慢发现这些功能的精妙之处。

（三）转场自然

在剪辑视频的时候，我们经常需要将一些视频片段放到一起，组成一个完整的作品，如果不对两段视频相接的地方做处理，视频切换就会显得很生硬、不自然，这时候就要用到转场的技巧了。

转场主要指分割和链接两段视频的技术，所以，只有将两个及以上的视频片段放在一起时才能添加转场效果。转场技术包括特效转场和无特效转场。

1.特效转场

特效转场顾名思义就是添加某种特效作为过渡，让两段视频能更顺畅地转换。在各种视频剪辑软件中就有很多不同的转场特效，一般包括淡入淡出、翻页、叠加、擦除、分割、模糊、闪黑闪白等。

不同软件中的转场特效也不相同，剪映、快影等软件都有非常多的转场特效。转场特效的添加方式有两种。

第一，点击两段视频相接处，就会跳出各种转场效果，选择适合的特效添加即可。

第二，用音频卡点的方式添加转场。导入音频片段后，在片段上找到自己想做转场的位置，在这个位置上卡点或者踩点，然后根据点添加视频片段，根据音频中的点调整好视频片段的长短，然后点击视频片段相接处添加转场特效。

在视频片段之间加入转场特效之后，还可以在相同的位置添加转场音效，这样会让视频更有节奏感。

2.无特效转场

无特效转场是相对专业的一种转场技巧，即不借助任何特效，用画面的剪接技术来完成，这种方式非常考验视频剪辑和拍摄技巧，有一定难度。

无特效转场技巧有很多种，常用的有两极镜头转场、特写转场、声音转场、空镜头转场等。

（四）倒放和慢动作

1.倒放

倒放的技巧在短视频制作中非常流行。很多创作者可能也刷到过一些倒放的短视频，比如，被捏在一起的棉花糖会自己慢慢展开，形成一朵非常漂亮的花。如果不知道倒放技巧，那么就会觉得很不可思议，不明白那是怎样做到的。

倒放的操作其实非常简单，拍摄好自己要倒放的视频，把它导入习惯使用的视频剪辑软件中，在视频编辑界面找到倒放按钮，点击"倒放"就完成了。

2. 慢动作

慢动作也是短视频中使用次数非常多的技巧，能够让视频变得更细腻，创造不同的情绪、氛围等。比如拍摄了人物在优美的环境中奔跑的画面，使用慢动作，会更加突出人物喜悦的心情、优美的身姿和动作，也会让画面显得更动人。

慢动作技巧的操作也非常简单，这里介绍的短视频剪辑软件中都有慢动作功能，其操作方式如下：

首先打开自己习惯使用的视频剪辑软件，导入视频，点击导入的视频片段；其次找到"变速"按钮，按照自己的需要调节速度快慢，最后点击"应用"就可以得到视频画面中的主体呈现慢动作的效果了。

在大家常用的抖音里，也可以添加慢动作，其操作方法如下：

①打开抖音，点击添加视频的标志，导入视频，在视频编辑界面点击"剪辑"，进入剪辑界面。

②在剪辑界面点击"快慢速"，调节视频播放速度，应用之后就完成了。

第三节　短视频的数据分析

一、评估短视频内容效果的关键数据

人人都知道大数据思维重要，也认为数据可以反映短视频传播的效果，但是，并非所有的数据都有价值。如果不明白每一项数据的意义，运营者就无法从中分析出有用的信息，也搞不清下一步工作的重点在哪里。接下来，我们将逐一介绍评估短视频内容效果的几个关键数据。这些数据通常是由短视频平台系统自动统计生成的。

（一）推荐量

推荐量是一个很重要的数据，标志着所创作出的短视频被推荐给多少个用户阅读。推荐量越高说明短视频的人气越高，也表明大众对短视频内容质量的认同感越高。这也意味着短视频有更多的机会被更多的用户看到。而那些推荐量低甚至没有被推荐的短视频，则会被拉开很大的差距。

推荐量不是凭空产生的数据，而是由平台系统经过多方面考虑得出的评估结果。由于不同的平台系统在评估规则上存在区别，因此同一个短视频在抖音、快手、西瓜视频平台上的推荐量可能会出现较大差异。

影响推荐量的主要因素有短视频内容的用户关注热度，以及短视频账号在最近一段时期内发布内容的情况。当运营者连续发布了几个人气火爆的作品时，就更容易得到较高的推荐量，为后续作品积攒大量人气。

（二）播放量

播放量指的是短视频被多少个用户点击观看的数量。具体视频的播放量可以细化为昨日播放量、昨日粉丝播放量和累计播放量等。昨日播放量是指昨天有多少个用户观看了某一短视频。昨日粉丝播放量是指昨天有多少个添加关注的粉丝用户观看了该短视频。累计播放量就是每天的昨日播放量累加起来的总和。运营者可以用自己的账号管理功能清楚地查看短视频的各项数据。

用户在首页看到短视频时不会计算播放量，只有点击打开视频观看后才能算入播放量。如果短视频不够吸引人，就无法有效提升播放量。从这个意义上讲，播放量是衡量短视频内容受欢迎程度的一个重要的直观指标。

（三）平均播放进度和跳出率

平均播放进度是指所有观看短视频的用户对该视频的平均播放完成度。换句话说，该数据显示的是用户一般看到进度条的百分之几就会关闭视频。跳出率则是指在所有观看视频的用户中，播放时长小于 3 秒的用户占比。也就是说，该数据反映了有百分之几的用户点开视频就马上失去兴趣，于是选择了退出。

当某个短视频的平均播放进度较低而跳出率较高时，说明许多用户只是被这个短视频的标题和封面吸引进来点击播放的。他们一点开就发现视频内容跟自己的预期相差甚远，便放弃继续观看了。如果运营者发现这个现象，就要提高内容本身的质量，不能只靠标题和封面来吸引用户。

平均播放进度和跳出率的高低会影响短视频初始推荐量之外的推荐量。更糟糕的是，平均播放进度较低而跳出率较高的短视频容易被平台系统依算法规则判定为"标题党"，从而根据这个判断结果减少该视频的推荐量。所以说，以次充好的标题党策略在各个短视频平台越来越难以生存了。

（四）播放时长

播放时长就是视频播放的时间长度。播放时长具体细分为累计播放时长、每日播放时长、具体视频的播放时长以及平均播放时长等类型。其中，累计播放时长和每日播放时长针对平台发布的全部视频，前者反映了该平台上的用户总共花费多少时间来观看某个账号发布的全部视频，后者反映了用户每一天具体花费多少时间来观看某个账号发布的全部视频。

具体视频的播放时长代表着用户观看某个视频的时间长度。如果用这个播放时长除以播放次数，就能得出平均播放时长。平均播放时长就是所有观看用户平均用了多少时间观看该视频。

没人有耐心把自己不感兴趣的视频从头看到尾，哪怕那个视频非常短。因此，播放时长数据能比较准确地反映出视频内容对用户是否具有足够的吸引力。运营者可以把平均播放时长和平均播放进度结合起来分析，找出用户通常会在什么时间点离开，该时间点的哪些内容是造成用户离开的原因。这样就能有针对性地改进短视频内容，提高播放时长数据。

（五）收藏量

收藏量反映的是有多少个用户在观看短视频后会将其放入自己的收藏夹。这说明用户觉得该视频的内容非常有欣赏价值，想收藏起来以后再看。某个短视频的收藏量越大，说明"回头客"越多，视频内容也越吸引人。

因此，提高每个视频的收藏量是短视频运营者的一个努力方向。要做到这点，除了提升视频内容的质量外，还要想办法提高短视频的推荐量和播放量。这两个数据永总是于收藏量，它们的基数越大，收藏量才能水涨船高。总而言之，我们要想办法让用户在观看后认为短视频确实有收藏价值。

（六）转发量

转发量指的是有多少个用户在观看短视频后将其转发出去，分享给更多人。用户把短视频分享出去的原因，可能是认为短视频内容是其他人也用得上的，也可能是认为短视频内容跟自己坚持的价值观合拍。无论怎样，他们创造的转发量对传播短视频意义重大。

虽然转发量和收藏量都是衡量短视频内容价值的标杆，但两者还是有所区别的。相对于收藏行为，转发行为更多是基于内容价值的普适性，而不完全是个人喜好。而收藏行为则是以个人喜好为主要动机。

运营者若想提高转发量，可以从以下三个方面入手：

第一，推出幽默搞笑的内容，让用户的大脑中能产生更多的多巴胺（能让人感到开心的脑内分泌物）。

第二，炮制引起用户好奇心的新鲜事物。

第三，在短视频中旗帜鲜明地阐述自己的观点和立场，以吸引拥有同样观点和立场的用户群体。

（七）点赞量

点赞量可以说是评估短视频内容的重要数据。因为转发的人可能是为了表达反对意见而转发，但是点赞只会在用户认可内容时发生。有时候用户不转发、不评论、不收藏但是会点赞，这样的行为恰恰表明他们是真心认可这一短视频内容。

点赞行为可能是基于共同的观点和立场，也可能是基于某种情况。无论怎样，点赞数越多说明此短视频越成功。短视频账号的点赞数和具体短视频的点赞数是两组数据，但都是多多益善。运营者会发现，自己有些短视频点赞数很多，有的却无人问津。这时就可以看出用户究竟对哪些内容感兴趣，接下来按照用户认可的方向做就可以了。

（八）互动量

互动量主要指的是短视频被多少个用户评论过，评论数就是互动量。一般来说，互动量越大的短视频流量越大、人气越高。但需要注意的是，评论数跟点赞数不同，好评和差评都会被统计进去。

我们在做短视频营销时，不能只是片面地分析互动量，还要多看具体的评论。看看最新评论和最热评论，从中分析出用户的主流意见和态度。尽可能地增加好评，减少差评，这样才能让短视频品牌真正受到大众喜爱。

（九）播放完成度

播放完成度指的是用户观看的内容占整个视频播放的比重。有的用户只看了一小段就离开了，有的用户看了一半才退出，还有的用户看到视频快结束才退出，或者从头到尾看完了。这些不同的情况可以按照播放完成度划分为几个不同档次的区间，比如，完成度 20% 以下、完成度 20%～80%、完成度 80% 以上。创作者可根据每个用户的实际观看情况来归入各个区间。

播放完成度与平均播放进度的联系十分密切。后者是所有观看用户对该视频的平均播放完成度，是各个区间的播放完成度的平均值。运营者要做的就是尽可能地提高广大用户的播放完成度，让更多人能看完 80% 以上的内容。

这 9 个关键数据要综合起来看，才能比较全面、客观地评估短视频内容效果。因为有的短视频可能播放量多，但播放时长短，播放完成度不高。而另一些短视频可能点赞量和收藏量较高，但转发量和评论数少。这些不同的数据反映了用户的行为差异，短视频运营者要弄清楚造成这种差异的具体原因。

二、分析类似题材短视频的数据指标

就现实情况而言，各大短视频平台在运营策略上存在差异，流量数据也呈现出不一样的变化特征。其实，不同类型的短视频本身没有太多可比性。而那些由类似题材的短视频产生的营销数据，对短视频运营者的启迪意义更大。

大家做的题材相近，但有些短视频的流量增长很快，有些短视频的流量涨幅却很小，其中的奥妙何在呢？我们通过分析以下三个类似题材短视频的数据指标可以看出一些端倪：

（一）具体内容造成的差异

即使做同类题材的短视频，每个运营者的构想也是千差万别的。有了差异就会有比较，有了比较就会分出高低。用户自然是会寻找那些创意别具一格、视觉效果令人耳目一新、内涵深刻的同类短视频，忽略那些相对逊色的作品。按照短视频平台的推荐方式，播放次数越多的短视频作品越容易得到更多推荐，被更多用户看到。强者越强、弱者越弱的马太效应在这个行业表现得比其他行业更为明显。

这就要求我们在创作短视频时不断提升内容的质量和特色，制作出一些能打动大众内心的好内容来。所以，当同类题材作品的内容高度雷同化时，我们不妨打破常规，反其道而行之，推出风格不一样的作品，增强内容的趣味性和实用性。这样一来，就有望获得更多的热度，数据上也比同类短视频更好看。

（二）文案水平造成的差异

不少短视频运营者把制作内容的重心放在了拍摄手法和对滤镜、背景音乐的选择上。假如创作者的短视频有养眼的视觉效果，却没有获得预期的流量，那么问题就很可能是出在文案部分。短视频是文案、图像、音乐等元素共同构成的艺术。哪个环节技不如人，都会对短视频的传播效果造成显著的影响。

爆款短视频的文案水平往往比同类题材短视频高一大截。

（三）互动方式造成的差异

爆款短视频不仅在制作细节上超出同类题材作品，在互动方式上也有高明之处。互动量对短视频流量至关重要。如果许多用户都愿意积极参与互动，那么短视频数据自然就会获得成倍的增长。

为了在互动上获得竞争优势，短视频运营者可以从两个思路着手。一个思路是设置有互动性的标题，比如，用"如果是你，会怎么办？"之类标题，直接向用户提问，引导他们去思考和发表自己的意见。另一个思路是在评论区里多跟用户互动，及时回复粉丝留言，每一个回复都要回得精辟、精彩、精当。这样才能让用户更喜欢互动，平台系统也会根据这条视频的评论量来提高流量推荐。

总之，我们在分析类似题材的短视频相关数据指标时，要重点研究其主题切入点、文案和互动情况。此外，即使是同一个短视频，在同一时期的不同平台上可能也会产生不一样的数据，这跟发布平台的定位、用户类型有很大关系。

短视频营销不仅仅是在搞创作、做推广，而是一个可循环、可复制、可持续的盈利手段。我们每完成一次短视频营销活动，都应该及时复盘。从反馈结果中找出当前存在的问题，包括短视频本身的问题、团队协作的问题、创作方向的问题、投入和产出的问题，这些都应该在复盘中被全部罗列出来。若只是单纯地比较结果，意义不大，无助于改进营销细节。

三、分析他人的短视频数据

（一）竞品分析模型

竞品分析模型的具体内容如下：

1. 定位竞品

定位竞品包括竞品内容、竞品定义四要素和竞品分析方法论三个部分，本书重点介绍前两个部分。

（1）竞品内容

①用户习惯。

②核心价值。

③功能拆分。

④延伸服务。

（2）竞品定义四要素

①竞品分级。

②基础架构。

③策略分析。

④发展潜力。

2. 竞品优缺点

从产品角度和开发角度展开自检自查。

（1）产品角度的检查内容

①产品定位。

②目标人群。

③核心功能。

④交互方式。

（2）开发角度的检查内容

①信息架构。

②产品架构。

③运营策略。

④差异化。

3. 还原竞品

还原竞品是为了考察竞品在市场中的实力。

①战略定位。

②范围覆盖。

③产品竞争。

④用户／盈利。

4. 实施计划

实施计划主要是从以下方面分析产品比重：

①价格性价比。

②功能性价比。

③用户体验比。

④配套服务比。

（二）竞品分析的流程

运营者制作竞品分析的流程分为以下步骤：

1. 明确竞品分析报告的阅读对象

现在制作的竞品分析报告是给谁看的？究竟是给所有团队成员看，还是给团队运营总监、艺术总监或者剪辑师看？这个问题看似无关紧要，其实不然。不同的团队角色想了解的竞品情况不尽相同。比如，运营总监对竞品的市场定位和运营策略更感兴趣，而对短视频竞品的创意和后期制作就不那么在意。竞品分析报告应该根据阅读对象的需要有所侧重，不必一味地把所有信息数据都加上去。

2. 给竞品划分等级

我们可以根据同类短视频在细分市场中的重叠程度来对竞品进行分级，将影响力最大的定为爆款竞品（也称核心竞品），影响力与己方短视频大致相当的是间接竞品（也称一般竞品），影响力较小但成长速度较快的是潜在竞品。其他的同类短视频就可以忽略不计了。通过竞品分级，运营者可以快速锁定自己的主要竞争对手，长期跟踪分析其发展状况，从而及时准确地把握竞争对手的状况。

3. 收集爆款竞品资料

分析爆款短视频竞品的产品定位、品牌理念、核心功能、目标受众特征，研究这些竞品究竟满足了目标受众的哪些痛点需求；弄清爆款竞品的行业发展情况、市场分布情况和营收情况；分析其商业模式的关键点，包括运营策略、盈利模式、市场布局、发展战略等。

4. 对比己方短视频作品和竞品的优缺点

完成上述分析之后，对比己方短视频作品和爆款竞品的优缺点，找出我们与竞争对手之间存在哪些差异和差距。运营者在认清爆款竞品的优势后，接下来要思考以下几点：

①爆款竞品的哪些优点是我们也拥有或者可以实现的？

②哪些方面是我们所欠缺且急需大力改进的？

③哪些方面暂时不需要考虑改进？

④哪些方面是无论如何努力都赶不上的？

只要把这些问题梳理清楚，短视频运营者就知道自己下一步该如何缩小与爆款竞品的差距了。

无论做什么产品的营销，竞品分析都是必不可少的。竞争对手的短视频好在哪里、不足在哪里、为什么火爆，都应该认真研究。做竞品分析应该是一个持续的过程，不可能一劳永逸。因为创作者在努力地制作有竞争力的原创短视频时，竞争对手和潜在竞争对手也在努力。

四、分析推荐算法

短视频平台是通过推荐算法来分发内容的，不同的平台使用的推荐算法存在差异，属于商业机密。每一个短视频用户发布的每一个视频，都会收到平台系统反馈的数据。这些数据也是由推荐算法产生的，并且会影响该视频的曝光率。也就是说，如果我们能弄清各个平台推荐算法的规律，在此基础上优化短视频内容，就有希望获得更高的推荐率。

（一）平台系统的算法推荐

由于发布短视频的用户数量庞大，短视频平台不可能靠人工审核来完成对每一个短视频的分发推送，因此依靠系统的智能化推荐是必然选择。这就是推荐算法存在的意义。各平台的推荐算法虽然各有特色，但在基本流程上殊途同归。

1. 步骤一：审核筛选

审核的内容包括用户上传的短视频内容、文案以及标签等。系统审核剔除一些违法的、敏感的、不符合平台要求的内容，由此筛选出的视频才能公开展示出来。

2. 步骤二：少量推荐

经过筛选的短视频内容会被系统随机推荐到少量带有符号标签的用户界面上。他们点击播放后会形成一些反馈数据。这些数据会自动上交给平台，然后根据推荐算法进行下一步的推荐。点赞量、播放量、转发量、评论量高的短视频更容易被平台再次推荐。反之，则会迅速沉没在海量的短视频中，更难被用户看到。绝大多数短视频会止步于此。

3. 步骤三：大量推荐

只有少数从少量推荐中脱颖而出的、比较有特色的短视频才能得到大量推荐的机会。少量推荐相当于一个小范围测试，看看用户是否对该视频感兴趣。只有通过这个测试，平台的推荐算法才会将该视频分发给大量用户看。大量推荐意味着更多的曝光率和播放量。那些爆款短视频就是这样产生的。

4. 步骤四：重复

平台在收集海量数据之后，又会不断完善自己的推荐算法机制，然后在上述三个步骤中循环往复，不断寻找适合大量推荐的新爆款短视频。不过，平台推送也是可以被人工干预的。一般来说，平台会给那些头部网红优惠政策，只要通过审核与筛选就能直接进入大量推荐环节。

（二）对推荐量有影响的数据维度

为了获得更高的推荐量，我们需要根据 8 个数据维度来优化自己的短视频内容，具体情况如下：

1. 账号活跃度

账号活跃度反映的是短视频账号产出内容的数量和频率。假如长时间不更新，则这一短视频账号的活跃度就会降低，存在感也随之下降。所以，我们最好是能保持频繁更新，在较短的周期内推出新的优质原创作品。

2. 内容原创度

内容原创度指的是短视频创作者提供的是自主原创内容，而不是对其他成品的再创作内容。原创度越高越容易形成个性特色，也越容易被平台推荐。如今各大平台都在加大对原创内容的保护和扶持力度，以解决内容质量参差不齐和用户审美疲劳等问题。

3. 内容垂直度

内容垂直度简单说就是创作者所发布的内容是否专注于某个垂直的专业领域。假如其除了垂直领域的内容外，还发了其他领域的短视频，就会降低内容的垂直度。如果垂直度过低，就会被同一领域中其他更专注于垂直内容的短视频创作者比下去。

4. 内容健康度

内容健康度用来评估短视频是否存在违规、违法、抄袭、传播有害信息等行为。

5. 互动、喜爱度

互动、喜爱度反映的是用户是否欢迎创作者所发布的内容。通过鼓励用户对短视频内容进行转发、讨论，及时回复用户的优质评论，及时删除某些尖刻的负面评论，有助于提高互动、喜爱度，得到更多推荐机会。

6. 播放维度

播放维度即"收视率"，衡量指标正是短视频的播放量，播放量跟推荐量成正比关系。

7. 用户转化度

用户转化度是用户对短视频内容认同程度的直接指标。用户在点击播放短视频后主动加关注，转化为粉丝。转化度越高，短视频越容易获得推荐。

8. 粉丝维度

粉丝维度反映了短视频品牌的整体影响力，也是平台重点关注的指标。短视频对粉丝的影响力越大，越有可能得到大量推荐。

（三）不同短视频平台推荐机制的差异

我们在此了解一下抖音、快手两大短视频平台的推荐机制，以便争取到大量推荐，优化短视频的传播效果。

1. 抖音推荐机制特点

抖音平台的推荐算法采用的是"去中心化"的方针。短视频创作者在微信和微博上发布内容时，如果没有粉丝就会无人问津。粉丝多的账号哪怕发的内容不精彩，也会产生很大的流量。但抖音平台不同，只要符合审核标准就能在发布后获得一定的播放量，给广大创作者也提供了一定的曝光机会。

简单说，抖音推荐机制就是通过算法给每个用户分配一个流量池，流量池根据点赞量、评论量、转发量、完播率等指标推荐内容。只要用户在这个流量池中表现出色，就会被推荐给更多的用户观看。所以，抖音新用户在起步阶段可以发动身边的亲朋好友帮自己"点赞、评论、转发、观看"，这样就能较快获得更大范围的推荐。

2. 快手推荐机制特点

快手平台的推荐机制跟抖音截然不同，通过发起多人互动来刷流量并不能帮助自己的短视频成为热门。这是因为快手想通过这种机制来反对用水军刷流量的作弊手段。快手的推荐机制主要是由短视频的播放量和完播率决定的。换言之，其推荐算法着眼于筛选用户真正认可的短视频内容。

每个新视频都会被平台随机分送给少数首批用户，如果首批用户的播放量和完播率较高，平台就会再将该视频推送给更大规模的用户。假如用户只是随便点击一下就关闭，完播率不够高，那么也就不会获得更多推荐。快手平台就这样一轮轮地筛选推送，以确保用户看到的确实是受欢迎的优质内容。

总的来说，由于推荐机制的不同，各个平台上增加短视频推荐量的方法是有区别的。抖音是根据点赞量、评论量、转发量和完播率四个标准来推荐短视频的。

通过发动更多人来互动可以提高抖音平台上的短视频推荐量，但这种方式对快手平台的用处不大。因为快手根据播放量和完播率来决定是否推荐该短视频，跟多少人参与互动关系不大。这些都是运营者应当注意的营销细节。

（四）从数据中发现优化短视频传播效果的规律

根据数据分析结果来积极转向是各个短视频网红团队的精明之处。我们做短视频营销时也应该像他们一样，从数据中找出优化短视频传播效果的规律，改善短视频内容的细节。比如以下几个实用经验，就是从无数短视频数据中总结出来的。

1. 设置长度较长的标题

标题决定了短视频能否被系统准确地分、发推送给自己账号的目标受众。传播效果的提升首先要从标题开始。关于标题的构思，我们在前面的章节有所提及。这里要讲的是一个容易被忽略的细节——标题的长度。

短视频标题的长度，以 20～30 个字最为合适。为了方便用户在 App 上观看，可以将其控制在 26 个字以内。当然，这并不意味着我们必须每次都取这么长的标题。有些头部网红的短视频标题可能少于 20 个字，有的在 20 个字左右。这跟创作者的具体风格相关。但一般来说，26 个字以内的标题更容易完整地表达自己想提到的信息，另外，还可以设置为前半句介绍本期的内容，后半句揭示该内容的亮点、痛点或者槽点所在。

2. 设置系统易推荐的关键词

各个平台的推荐算法不一样，但都无一例外地会采用抓取关键词的手段。我们设置的关键词越是容易被系统的推荐算法识别抓取，短视频作品就越容易被精准地推送给对该关键词感兴趣的用户，从而得到更高的推荐量。

关键词主要体现在短视频标题与话题标签名称当中。我们设置关键词时要注意与内容相符，而且要明确易懂，不能凭感觉自己胡乱发明生僻词。假如想不到脍炙人口、便于记忆、令人拍案叫绝的关键词，那就选择大众化关键词。因为大众话题无论在何时都能获得一定的点击率。尽管很难出现爆款，但总比无人点击要好。

3. 设置吸引用户注意力的高频词

高频词指的是短视频标题中的常用词汇。这些高频词的使用率很高，是因为它们很容易吸引用户的注意力，比一般的词语更容易带来高点击量。我们在给短视频拟定标题时，可以选择以下四类高频词：

阿拉伯数字类词语。阿拉伯数字类词语直观简洁，在一堆汉字中很容易被看见。而且数字类词语的内容能够给人一种清晰明确的感觉，更有逻辑说服力。需要注意的是，具体数字要跟内容相符，不能变成标题党。

矛盾类词语。矛盾类词语会让人产生一种好奇心，期待从短视频中找到矛盾产生的原因和解决矛盾的办法。这种高频词的运用技巧在于给用户带来疑惑。

带有挑战意味的词语，比如，"你敢吗""能不能"，会激发用户的挑战心理，吸引他们去看短视频中的内容是否真有创作者说的那么出色。这类高频词的风险是，内容远不如标题有趣时，用户有时就会没有耐心看完，完播率就不会很高。

痛点类词语。痛点类词语会唤醒用户在工作、生活中的痛点。他们会迫切希望能从短视频中学到解决方法。因此，我们在使用此类高频词时，短视频的点击率往往会很高。

4. 设置吸引用户的封面

我们在浏览短视频时，第一印象就是该视频的封面（和封面上的标题）。封面是否吸引人，对短视频的播放量有直接影响。有些内容本来不错的短视频败在了封面上，错失了成为爆款的机会。

为了避免这种状况，我们在做短视频封面时，应该注意封面与内容密切相关，而且要跟标题相呼应，让用户一看就觉得图像应景。封面的画面应该很精美或者很有冲击力，让人的眼睛舍不得移开。此外，需要注意的是，短视频的封面万万不可出现水印和广告。这会大大降低用户的观看体验，成为阻断短视频传播的杀手。

设置关键词和高频词，对提高短视频传播效果有极大的影响。有时候，运营者绞尽脑汁想出一个自己认为很有趣、很能打动人心的短视频标题和文案，可最终效果不如预期。这很可能是因为标题和文案中未能包含明晰的关键词和高频词，没有被平台推荐算法搜索到。因此，我们最好在事前就围绕关键词和高频词来创作标题和文案。

第四节　短视频的行业选择

一、快消品行业

快消品行业，在所有行业中由于消费周期短、频率快、消费群体大，与人们的日常生活贴近，从而拥有庞大的市场。因此，快消品行业也成为与市场结合最紧密、最敏感的行业之一，市场风向稍有风吹草动就会在快消品行业中立马显现出来，该行业被称为市场变化的晴雨表。

快消品行业以前的主要营销投放方向是电视这样的传统媒体，但是随着网络的快速发展，网民数量暴增，快消品企业的营销方向逐渐转向互联网媒体。再随着网络短视频时代的到来，最先受益的也莫过于快消品行业。从当前参与视频营销企业的规模和数量来看，快消品企业仍占大多数。

在移动互联网引发的品牌变革中，越来越多的快消品牌开始转变。

爱奇艺基于搜索工具而创造的"蒲公英模式"也是一种十分新颖的视频营销模式。该模式从网民的收视习惯出发，基于百度数据深挖用户需求，以功能化短视频为核心，为广告主提供精准植入和跨屏传播的机会。

"蒲公英计划"是爱奇艺的独创模式。它的内涵在于以视频为核心，打通搜索、SNS、无线，甚至是出版、影视剧等领域，将分散资源聚拢，将要传达的信息成倍数扩散。

例如，教用户怎么做菜，用户在搜菜谱的时候，能看到一个短视频教程肯定比简单的图文感受要好得多。通过搜索工具搜索已成为大众的习惯，TOP200 菜谱的日均搜索量超过 40 万次，TOP50 菜谱的日均搜索量超过 20 万次。

爱奇艺正是看到了这点，制作了一档美食烹饪类节目《美食美课》，将做菜的过程从搜索工具移位于网络短视频中，通过直播直观地与大众分享，从而建立自己的营销模式。

随着 PC 电脑向智能手机、平板电脑等移动终端的转移，爱奇艺推出了移动版，如 iPad、手机终端的爱奇艺 App。推出后，其移动端下载量超过 1.2 亿，移动端的视频播放量占到总播放量的 30%。

短视频的快速发展给传统广告业带来了新的机会，这就使广告在移动终端营销的机会更多，更容易得到用户认可。那么，具体该如何做呢？可以从以下两个方面入手：

其一，创意营销，差异化营销。

在产品同质一体化的趋势下，只有实现营销差异化才会吸引更多的客户。视频内容的丰富性给用户带来了新的体验，淡化了商业色彩，实现了软性营销。

网络直播存在的基础就是求新、求异的创意，只有具备了这个特征，才能持续地吸引更多的客户。很多企业之所以看中直播渠道，也是这个原因，它们希望通过网络直播做一些创意营销。目前，视频营销模式主要有贴片广告、创新的视频广告（如暂停、悬浮等）、视频短片定制或植入（病毒视频及微电影）、品牌专区及主题活动等。

其二，提升品牌影响力。

营销的最高境界就是卖家不需要介绍自家产品，也不用王婆卖瓜式地自夸产品有多好，用户就会疯狂地爱上它，这就是品牌的力量。对于快消品企业而言，借助网络直播，主要目的不是直接卖东西，而是树立品牌形象，利用网络直播对粉丝的巨大黏性吸引更多的用户，让他们对品牌有良好的印象。

当然，短视频完全可使产品和品牌更加生动、形象，因为它不仅集传统视频的传播优势于一体，还有数字挖掘、精准定向、平台转换的优势。通过这些优势，企业可以根据自身需求进行定向传播，以达到更精准的传播，并且可以根据后台系统，清晰地看到广告投放分析数据，以不断调整和优化方案。

二、生活类行业

生活是每个用户每天都必须面对的事情，他们习惯于自己的日常生活的同时也会对他人的生活产生一定的兴趣。生活类短视频就是将他人的生活浓缩了短短几分钟，抓住某个场景的特性，将别人的生活展现在用户眼前。在运营上，生活类短视频也需要采用不同的方法，在贴近用户生活的同时还要为其带来新奇的感受。

生活类短视频根植于每个普通人的日常生活当中，这类短视频就是在最普通的地方加以深入挖掘，营造出美的氛围来感染用户，使用户在享受的同时还能产生共鸣。短视频中所表现出的对于生活的理解就是用户所想拥有的生活的缩影。

例如，《日食记》是一部与美食相关的系列短视频，每一期所展现的都是一道全新菜式的做法，但是用户从中所感受到的，更多的是一种情怀。《日食记》中选用的场景往往都非常唯美，再加上精致的厨具餐具和偶尔出镜的萌猫一只，可以说是许多用户梦寐以求的生活。

《日食记》所传达出来的是一种理念：生活也可以是这样的。用户由于学习、工作的繁重以及精力的有限，在日常生活中所投入的心血或许并没有很多，繁忙的日常生活也使其没有心情精心打造生活的场景，但是在其心里，对于《日食记》所表现出的精致生活还是有所向往的，所以，这些用户在观看的时候就会被激发起认同感，从而达到不错的营销效果。

生活类短视频的最大难点就是怎样从日复一日的普通生活中选取一个足以打动用户的适合切入点。短视频团队想要选好这个切入点，必须用心地观察生活。普通人的生活虽然是类似的，但是每个人的生活都存在其特殊点，团队的前期工作就是将这些特殊点寻找出来，然后再通过场景道具的选取步骤而将其具象化，以做到让用户在点开短视频之后，能够迅速理解团队所想要表达的全部思想。

生活类短视频为了能够使用户产生共鸣感，在场景的选择上一定要贴近日常，场景可以适度地美化，但是绝不可以过于豪华以至于脱离生活。如果这样会使观众产生割裂的感觉，从而难以达到预期的效果。

生活类短视频也无须拘泥于家中，像办公室、教室等场所也同样是用户在生活中离不开的。在地点的选取上，短视频团队应该发散思维、不断创新，另辟蹊径，但这个地点必须是用户群体日常接触的，这样才能更好地激发出用户的共鸣感。

"一条"是由《外滩画报》前总编徐沪生所创办的专注于生活类短视频的新媒体。"一条"针对的用户群体是注重生活品质的中产阶级，所以，选取的场景也往往与此相关。"一条"与其他注重内容、接地气的短视频不同，走的是高端路线，这弥补了短视频行业内的这一部分缺口，很快就获得了用户的认可与喜爱。

中产阶层的生活是一个抽象的概念，中产阶级指的是收入处于中等水平的一个阶级，其生活模式更是很难下一个具体定义。"一条"的短视频更是突破了以往领域内的固有观点，被制作成了一种"杂志化短视频"，即使用缓慢的镜头切换以及对场景摆设的高要求，力求每一帧截图下来都像是一张明信片，让用户在观看短视频的同时获得美的享受。

"一条"的 LOGO，设计简单清新，以黑白作为主体色调选取，不加其他色彩图案的修饰，体现出了"一条"的文化内涵：简单而精致。徐沪生在定位"一条"的过程中也经历了很长时间的调查研究，一开始他本想制作以人为主体的短视频系列，但是由于在操作过程中遇到了许多难以解决的问题，最后还是放弃了这一想法，而在他和他的团队讨论研究过后，最终还是选择了其最擅长的部分作为主题。

"一条"之所以选择中产阶级作为其目标用户群体，与其创始人是分不开的。正如之前所提到的，想要做好生活类短视频，就要对这种生活有足够的了解。徐沪生正是由于其生活在这一阶级中，才能通过短视频来表达自己从这样的生活中观察到的体悟，从而做出真正打动用户的内容。

徐沪生在"一条"稳定发展的过程中曾经连续两周、一共花费了 400 万进行短视频的运营推广，这是非常具有魄力的一种行为。他之所以这样做，是看到了短视频的运营从根本上要依靠用户的认可，而想要让用户认可，要令其看到。生活类短视频在运营的过程中必须注重推广的效果，大范围的广告投放虽然会产生较多的成本，但是在吸引来用户之后很快就可以回本，并且对未来的发展也有着极大的好处。

在"一条"获得了许多用户的认可之后，徐沪生还建立了一个名为"一条生活馆"的电商网站，其上出售的商品种类多样、分类详细，在"一条"生活类短视频中所提到的商品都可以在这里买到。这样"一条"就找到了一种除了接广告以外的短视频变现方式，从而保证其能够顺利运营。

"一条"短视频覆盖了生活、潮流、文艺等中产阶级用户所关心的方方面面，这使得中产阶级用户可以在其中寻找到自己生活的缩影，其他阶级的用户可以通过该短视频了解这个阶级的生活日常。团队在制作生活类短视频的时候，应该选取与自己的生活更加贴近的类别，这样完成的作品才能让用户在观看后觉得真实。而真实往往是最能够打动观众、引起强烈共鸣的那一部分。

三、服务类行业

服务类行业的范围非常广，包括金融、医疗、教育、餐饮、旅游等多个领域。随着人们生活质量的提高、消费意识的增强，服务业已成为一个重要的行业。在服务形式上，越来越多的服务型企业也在创新和突破。

在互联网时代的影响下，服务业也逐步互联网化，与自媒体的融合越来越深，以实现从线下向线上引流和转移。其中，代表性企业有金融服务类企业，如广东华兴银行、武汉银行，旅游性服务企业如去哪儿网、途牛旅游等。

短视频火起来之后，很多服务型企业开始参与短视频营销，如开通抖音、快手、秒拍等平台的账号，通过网络向消费者展示服务信息，优化服务渠道，提高服务质量；消费者也可以通过企业官方账号与企业互动，为完善服务中的不足提供自己的意见和建议。

索尼曾经拍摄了一条视频，采用了画中画的形式展现视频内容，拍摄手法类似电影《盗梦空间》的整体构思。这个广告表现的是让玩家体验，只要使用了PS$^+$，就能随意在各种游戏中切换，体验盗梦空间式的不同人生。该广告利用反复循环给人带来一种梦幻般的科技感，非常炫酷。视频还将索尼两款产品（相机和智能手机）的优点结合在一起，是一个非常值得学习的广告创意。

为了吸引更多用户参与拍摄，爱彼迎曾经组织了一次短视频大赛。由爱彼迎官方提供剧本，让用户参与进来，并用这个剧本拍摄了不同类型的视频。最后，爱彼迎将不同用户拍摄的视频剪辑成了一部微电影。这个视频一经播放，引起了很多人的关注。在爱彼迎创作这个视频之初，其创意就成功吸引了很多人参与。让用户有参与感与成就感，这就带动了用户的积极性。

如今，短视频的诞生改变了人们的观看习惯，人们已进入"竖屏时代"。智能手机用户把接近90%的时间用在竖屏观看视频中，使得短视频内容和营销也进入了"竖屏时代"。

短视频逐步成为连接企业与消费者之间的一座桥梁，解决了买方、卖方两者之间的信息不对称问题。通过直播，消费者可以更方便地获得吃、喝、玩、乐等方面的信息，以及更好的生活服务。

那么，服务型的企业通过短视频可以做什么呢？

第一，搭建品牌推广平台，服务展示的平台。

第二，搭建买卖双方的沟通平台，与粉丝的互动平台。

第三，搭建对应移动电商销售引流平台。

对于服务类行业来说，短视频的具体功用有如下 3 点：

其一，为客户提供专业服务。

对于服务行业来说，最主要的是为自己的客户提供高质量的服务。例如，对于金融服务行业来说，视频内容就应该是以推送专业的理财信息为主，才能更加体现自身的价值。在用户自身学习的同时，也会更加信任服务机构，愿意把钱交给这些机构打理，因为平时推送的专业信息让用户相信他们是专业的，那些信息可以说是金融机构自身实力的展现。

以银行业为例，银行属于服务行业，要知道银行这样的企业从来不缺用户，发布一条短视频估计就会有上百万的用户回应。所以，对于银行业来说，做短视频营销重要的便是提升服务，利用短视频的特性，为用户提供更多、更便利的服务。

其二，注重提高用户体验。

众所周知，服务行业更注重用户体验。用户的体验决定了人性化的程度。例如，有的酒店不仅宣传舒适感，还重视公共空间的社交性和文化氛围，强化健康餐饮概念，对用户宣传"住酒店不仅是一晚舒适住宿，更是一种舒心体验和美好的回忆"。

即使一个很小的细节也要充分考虑用户的心理适应性，抓住用户的心理需求。正是短视频人性化的展示，给了用户良好的体验。所以，对于服务型企业来讲，在运营中需要利用短视频这种新媒体来强化客户体验。

其三，维护老客户，避免客户的流失。

服务行业重要的是维护老顾客，短视频内容只有随时保持更新才会被老客户持续关注。同时，其他的客户关系也需要及时维护，如果不维护、不互动，即使用户有很多，那这些用户也可能会流失掉。因此，对于服务行业来说，最重要的就是把服务做好，让每位用户都能够得到实惠。

以服务为主的企业意识到了转型的必要性，平台化、场景化，走线上、线下融合之路是它们未来发展的大方向，而转型的入口，就是与直播等互联网化的产物接轨。现在很多服务型企业，如餐饮、旅游等都已经意识到这个问题，纷纷推出自己的短视频账号，抢占流量资源，业务从企业形象的宣传、服务的推介到业务预订、支付消费及售后服务，几乎囊括了所有的经营流程。

四、旅游类行业

随着短视频的出现，通过抖音、快手等平台，旅游行业有了新的发展。一些网红旅游景点和营销热点开始出现，如重庆的"洪崖洞"、西安的"摔碗酒"等。短视频为运营者和旅游爱好者提供了高互动、低门槛的内容传播通路。

基于此，旅游行业应该抓住短视频营销的风口，打造网红旅游景点，最终带动整个城市和地区的旅游发展。那么，运营者应该如何做呢？在作者看来，应该打通从娱乐流量到消费流量的通路，使用户转化为消费者。当然，这也是需要条件的——需要借助抖音、快手等短视频平台进行营销宣传。

运营者可以联合线下的其他相关领域进行营销宣传，以达到共赢的目的。特别是美食，对于热衷于吃的旅游爱好者来说，更是推动其把旅行念头付诸实际行动的利器。上面提及的西安的"摔碗酒"就是利用景点的餐饮来带火一个景点，进而带火一座城市的典型案例。

"天时"方面，在短视频平台上，一到旅游旺季，就有许多自媒体人开始宣传旅游，形成节令等出行高峰。运营者也应该借助这一时势，对高峰时段的自身景点特色进行宣传。

"地利"方面，运营者应该从人们的出行方面考虑，给用户在景点附近提供具有特色的住宿、出行等服务，解决人们的后顾之忧，让人们放心出行。

"人和"方面，运营者应该联合短视频平台进行营销，特别是参与一些比较受人欢迎的活动，如抖音的各种挑战赛等，找准可以借势的营销热点。

五、美妆类行业

时尚美妆类短视频所针对的目标用户群体，大多是一些对美有追求与向往的女性。这些用户选择观看该短视频就是为了能够从中学习到一些实践技巧来帮助自己变美，所以，对于该短视频制作者的审美以及潮流意识，用户有很高的要求。

时尚是会随着时间而不断变化的，因此，时尚美妆类短视频的制作团队也必须不断地学习，紧跟时代的潮流，否则就会被其他短视频团队代替，被用户抛之脑后。并且团队提供的短视频还必须不同于其他，要有自己的观点与见解，这样才能让用户在观看后觉得无可替代，从而转化成"粉丝"。

每个用户对于时尚都有自己不同的观点，所以，作为时尚美妆类短视频的制作者，不能强行将自己的观点灌输给用户，要通过短视频内容的安排，潜移默化地将自己对于时尚的理解传达给用户，这样才能更容易地被用户所接受。

时尚分为很多种类，一个短视频制作者仅需专注某一个方向，并且对其进行深入研究。由于时尚领域具有复杂性，因此制作者需要在开始录制短视频之前进行大量的前期研究，这样完成的作品才能让用户觉得专业，从而产生信任感。常见的时尚类短视频分为当季流行讲解与个人穿搭分享。

当季流行讲解类短视频的制作者需要对服装饰品的流行元素以及原理有相当程度上的了解，对于不同的常见品牌都要有一定的了解，这样才能全方位地对流行进行解析，让用户全面地了解流行。

有许多时尚品牌都会与这一类知名的"网红"短视频制作者进行合作，通过这种运营渠道来进行品牌的推广。制作者想要完成这种推广就要花时间做功课，对该品牌有足够的了解，这样才能将短视频内容本身变成广告的一部分，而不是在其中生硬地插入广告，从而招致用户的反感。

个人穿搭类短视频与当季流行讲解类不同，其目的更多的是传递自己的穿搭心得，而不是介绍品牌。个人穿搭类短视频根据制作者财力的不同，用到的服装价位也不同，这样用户就可以根据自己的经济情况来对其进行选择。所以，制作者在做前期准备的时候就需要考虑目标用户的经济水平，从而确定服装饰品的价位。

随着短视频领域发展的日趋成熟，有越来越多贴近生活的普通人开始根据自己的心得体会来制作个人穿搭分享。这样的制作者更贴近普通用户，能使用户产生亲切感，其短视频在推广的时候也变得更加容易。

美妆类短视频的兴起体现了用户对于美的一种强烈追求的心理。每个人的样貌是天生的，如果有不满意的地方，只能通过后天手段来进行改善，而化妆则是其中风险较小、易于操作的那种。而且对于用户而言，美妆类短视频可以在极短的观看时间内就起到良好的效果，深受其青睐。美妆类短视频往往分为三种：测评类、技巧类、仿妆类（图2-4-1）。

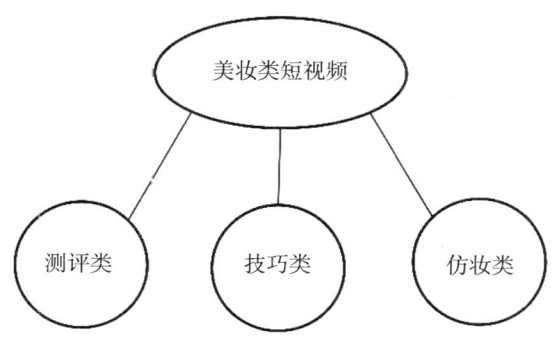

图 2-4-1　美妆类短视频分类

其一，测评类。

测评类美妆短视频往往由制作者将同类的美妆产品一起进行使用测试，然后根据每个商品的不同特性进行评价，分析出其利弊，以及对于性价比较高的产品进行推荐，给予对美妆产品了解较少、在同类商品的选取上犹豫不决的用户一定的建议。

测评类美妆短视频除了可以给予用户建议以外，还可以帮助用户节省时间。同类美妆产品种类繁多，如果一一进行尝试后再确定购买哪种无疑会消耗用户大量的时间，而美妆类短视频制作者就可以帮助其进行一轮测试，使用户可以从短视频中直观地看到不同产品的效果，从而直接根据结果来选择最适合自己的产品。

其二，技巧类。

技巧类的美妆短视频最受化妆初学者，或者是想要提高自己化妆技巧的用户欢迎。对于此类短视频，制作者必须着重展示每一步骤是如何进行的，这样才能让用户觉得可以从中学习到技巧，然后才会将短视频分享给自己的亲朋好友，从而使其快速传播，增强推广效果。

为技巧类美妆短视频选取一个主题，可以借助其原有的讨论度来进行运营推广，使得这种技巧教学类短视频具有更加深刻的含义。包括之前在各大短视频平台热议的"帮男朋友化妆"系列短视频，都是以一种搞笑的手法来进行制作，使用户在观看的时候获得更加特别的体验。

其三，仿妆类。

仿妆类短视频是在具备了一定化妆技巧后的一种升级尝试，化妆师按照某个明星的样子为自己进行化妆，然后制作短视频放出，使得用户在观看后感到极大的震撼。

仿妆类美妆短视频在运营推广时选择的对象，除了有本身对美妆感兴趣的用户之外，还加入了该明星的"粉丝"。明星"粉丝"基数较大，转发分享推广的能力也较强，短视频制作者凭借明星这个自带流量的话题，很轻易就可以在"粉丝"之间取得好感，从而将这些"粉丝"转化为潜在用户，为短视频运营提供了很大的便利。

时尚美妆类短视频制作者在发布短视频的时候，要注重多渠道的分发，这样才能将不同平台上的目标用户都最大限度地吸引过来，以最快的速度进行用户积累；并且在获得了一批用户之后还要加强与用户的互动，及时并耐心地解答用户提出的问题，这样才能不断加深用户的黏性，使得用户构成更加稳固。

除此之外，还要注意更新频率，高频率更新、多方位地推出有创意的短视频才不会被其他时尚美妆类短视频制作者所取代。单一的时尚美妆内容很容易引起用户的审美疲劳，造成用户流失，针对这个问题，制作者还可以尝试制作综合类的时尚美妆短视频，这样可以不断翻新形式，从而保证用户的活跃度。

六、服装类行业

随着"网红"经济日益走向专业化，有许多知名"网红"在网上做起了电商。而本末测评就是一个针对"网红"服装店进行测评的系列短视频账号。

本末测评是由许亚军创立的一个针对"网红"服装店进行测评的短视频账号，每期短视频都以搞笑的方式来完成当期主题的测评与尝试，一经推出就深受广大用户的欢迎及喜爱。该账号成功的奥秘有以下几点：

其一，策划精准。

本末测评在策划阶段对于用户的选取是非常精准的。随着网络社会的不断发展，各大电商已经成为用户最常光顾的商家。"网红"店铺更是其中市场占有比重非常大的一块。用户出于对"网红"个人的信任，往往在购买前没有仔细研究，这就存在很大程度的购物风险。

而本末测评就是从这一角度入手，弥补了时尚美妆类短视频领域中这一空白，以夸张的方式来表现各大"网红"店铺的服装的真实质量，瞄准了有此项需求的广大用户群体，一经投放就获得了极大的反响。

其二，符合实际。

对于"网红"服装的质量，本末测评通过购买测试后整理结果形成评论，从实际角度解决了用户的这个问题，帮助用户能更好地选取价格与质量相符合的产品，从而获得用户的支持。

其三，知识专业。

许亚军曾经从业于专业的服装厂，还曾经做过"网红"公司的经纪人，无论是在服装领域，还是"网红"领域，他都具备一定的专业知识，可以从科学的角度进行评判，从而使得本末测评最终得出的结果有据可依，增加信任度，减少用户的怀疑。

从用户来讲，对于"网红"普遍都抱有一种好奇心理，本末测评正是抓住了这个心理进行短视频内容的制作，从而使用户的需求得到满足，将普通用户转化为忠实用户，不断进行稳固的用户基础累积，制造便于进行运营推广的宣传点。

其四，用户立场。

本末测评之所以能获得用户的喜爱，是因为团队是站在用户的立场上来进行短视频制作的。大多数的时尚美妆类短视频都是从商家的角度来向用户展示商品的优点以及使用后的效果，而本末测评则反其道而行之，以用户的角度来进行"网红"服装的购买与试穿，使其与用户之间的距离大大拉近，使用户产生共鸣，更容易变成忠实用户。

其五，方法幽默。

本末测评由许亚军为模特来进行"网红"服装的试穿，但是由于大多数"网红"服装店所针对的用户群体都是女性，上架的商品也大多是女装，因此许亚军试穿的效果往往比较滑稽，这就使得短视频有了幽默色彩，用户在观看的时候会觉得比较有趣。

而且许亚军在进行测评的时候往往会使用比较夸张的描述方法，以搞笑的形式来展现服装带给他的感觉，从而使得短视频的节奏较快，在较短的时间内就可以测评多件衣服。用户在短时间内接收了大量信息，也会观看得更加认真，从而推荐给自己的朋友，扩大用户群体覆盖面。

其六，"网红"热度。

"网红"作为网络上非常有影响力的一批人，每个都自带大量的"粉丝"及话题讨论度。本末测评对于这些"网红"的服装店无论是批评还是肯定，都必然会在"粉丝"群体之中造成较大的影响，吸引其"粉丝"前来观看并发表自己的看法。

尤其是本末测评对许多"网红"所售卖的服装质量是持有否定态度的，这就会招致其"粉丝"的不满，于是前来留言，从而引发了本末测评的用户与"网红""粉丝"进行讨论，这样就在极短的时间内获得了很大的讨论度，引起其他用户的好奇心，从而吸引这些用户前来观看，这符合传播理论的要求，在网络平台上造成了很大的影响。

除此之外，本末视频还在微博、哔哩哔哩等多个不同类型的平台上保持着一定的更新频率，这样可以扩大用户目标人群，能够最大限度地吸引不同平台上的用户前来观看，并使其养成一定的观看习惯，从而形成了稳固的用户受众群体，为推广带来了极大的便利，减少了运营过程中可能遇到的问题。

七、汽车类行业

年轻人已经成为短视频时代的消费主力，而这也是与汽车行业的潜在购车人群高度匹配的。因此，利用抖音短视频平台进行营销，可起到事半功倍的效果。

当然，在短视频营销中，运营者也应该掌握一定的技巧，这样才能让汽车行业的短视频营销效果更显著。

其一，注意从数据分析和用户角度出发来制作和分发内容，让用户从被动接受转化为兴趣共鸣，这样才能提升用户黏性。

其二，注意利用平台的视频拍摄和制作方面的新技术，打造更优质的视频，让用户在观看时充分感受到产品带来的美好体验。

其三，注意提升用户体验，从多个角度增加与用户的互动，让他们能更直观地感知内容，为营销成功提供更真实的体验基础。

当然，在汽车行业的短视频营销中，除了上述几个关键点外，还应该着重在内容的价值打造方面下功夫。一般而言，运营者可以从以下 3 个方面入手提升企业产品的运营价值：

①打造热点型内容 Hotspot。

②打造标签型内容 Hashtag。

③打造广告型内容 Headline。

当用户变成新的口碑渠道，这些用户既是传播者，也是分发者或营销者，平台调性、品质也成为营销目标群体的重要标签。

第三章 直播营销的理论分析

直播营销是指在现场随着事件的发生、发展进程同时制作和播出节目的播出方式。本章的主要内容为直播营销的理论分析，分为三个部分，依次是直播营销的团队建设、直播营销的内容打造、直播营销的场景划分。

第一节 直播营销的团队建设

一、初期：自我营销

刚刚进入直播圈的新人主播，没有足够的物力、财力去组建团队、加盟平台和公会，通过自我营销来实现人气和资本的积累也是一种不错的选择。在这个过程中，需要进行自我探索。同时，掌握话题制造、立体推广等基本方法，才能更好地发展。

（一）展示自我与话题制造

相对于其他的工作，主播至少看上去会很自由，拥有自由的时间、自由的内容（只有签约主播需要达到时长）。收入主要通过礼物变现，存在着很多的不确定性，这就需要主播付出更多努力和更多时间来留住粉丝。

1. 展示自我

形象是展示自我的第一站，主播也少不了"颜值"，至少也要注意保持形象的干净整洁。很少会有粉丝喜欢邋遢油腻、不修边幅的主播。爱美之心人皆有之，但是不必过于沉迷于对外形的修饰，只要在大众的接受范围之内就行。做任何事情都要把握好度，做到从心所欲而不逾矩。

大部分的直播平台都会自带美颜滤镜，还可以增加一些可爱的小道具。很多人手机里都有类似"美图秀秀"的修图软件。"美图秀秀"是比较典型的手机图片处理 App，在各系统的应用中心都可以免费下载。"美图秀秀"现在更是推出了直播功能，在获取摄像头权限的情况下，主播可以直接调用美颜功能，以达到更好的镜头效果。

在电脑端直播的主播，美颜摄像头也成为直播必须投资的设备，能给直播效果大大加分。

每个人都有自己的优势：有的人样貌好，可以当一名"颜值型"的主播；有的人口才好，可以尝试"脱口秀"；有的人眼光犀利、会点评，不妨试试影视评论。当然，还有其他方面的能力，主要看主播对自己认识有多深。在互联网这个人人有机会的舞台，潜力有多大，舞台就有多大。主播要想不被淘汰，就需要充分利用这个职业创作自由的特点。

能够带来快乐的搞笑事物，都是有市场的。如果在直播的时候，能够逗乐大家，那么主播自然就会令观众印象深刻。在直播的时候不妨融入一些搞笑的元素，或是让自己直播的方式变得有趣。口才是可以练习的，想让直播变得幽默搞笑，我们可以通过观看和模仿其他人的直播，来学习幽默的说话方式。比如，有许多脱口秀直播，都是主播通过说各种搞笑的段子来吸引观众，然后从段子中找出能够与观众互动的点，再让观众产生强烈的参与感。

2. 话题制造

作为公众人物的主播是一直备受关注的，但热度不会永远集中在某一个主播身上，粉丝的关注点也会随着时间的推移开始慢慢转移到其他新鲜事情上，而那些一直默默无闻的直播，则在人们的视野中淡去。

主播怎么才会让观众牢牢记住他们呢？话题营销是一个很好的办法。那如何给自己营造话题呢？比较简单的方法是，发现身边的一些热点事件和热门人物，然后将之与自身特色相结合。如借助其他比自己名气高的事件制造话题，像是直播平台的主播人气比赛，进行"曲线营销"。

还可以借助一些热门的话题，用自己的特色来寻求突破，为自己吸引更多人的关注。在直播圈内，经常出现各种话题，如 LOL（英雄联盟）等热门。

为了让玩家熟悉游戏玩法和操作，不少游戏会提供一种人机对战模式，目前火爆的 LOL 也不例外。一般来说，LOL 玩家选择人机对战模式大多是出于熟悉英雄的目的，当在人机模式中掌握了英雄的技能和操作，便会加入其他非人机对战模式，与其他玩家组队竞技，这样做可以避免因为操作生疏而变"坑"。目前 LOL 日常开放的对战模式有四种：排位赛、匹配赛、大乱斗和人机对战。正常玩家的战斗一般都是排位赛、匹配赛和大乱斗的场次较多，而人机对战场次相对较少，然而 LOL 玩家成千上万，总有例外。

当诸如"LOL 的例外"这类话题出现时，我们应抓住机会营销推广。如果找不到合适的推广时机和渠道，这样的努力也可能会白费。不过要记住，虽然我们可以借助热门事件来与自身相关联，但当热门话题发酵时，置身其中就可能将自身推至风口浪尖。我们自身的观点一定要正，道德观一定要正，不然很容易引人非议，得不偿失。

（二）立体推广

无论是全职还是兼职直播，抑或只是业余爱好，当观众对直播内容出现视觉疲劳的时候，我们就需要转移阵地，各种媒体都去尝试一下。同种媒体的内容输出，形式都大相径庭。各个媒体的粉丝人群特征各不相同，与粉丝在不同的媒体进行互动，能吸引不同群体的目光。也可以将直播平台的粉丝吸引到新媒体，通过互动的方式，加强粉丝的黏性。

1. 微信公众号提高黏度

黏度是衡量用户忠诚度的重要指标，用户忠诚度越高，就代表越离不开这个微信公众号。这对主播塑造形象起着关键的作用，成功的主播都知道应注重培养粉丝的黏度，主播的粉丝黏度越高，对长久推广就越有利。对于微信公众平台来说，用户黏度体现在阅读量、转发量、收藏量和回复次数等方面。如果把粉丝这个大群体看作一个蓄水池，这个蓄水池有进水口，也有出水口，水进进出出很正常。对待流动性极强的粉丝，用户黏度就显得异常重要。

微信公众平台是腾讯在微信基础平台上建立的功能模块，分为订阅号、服务号和企业号。通过这一平台，独立主播或团队可以打造自己的社交圈子，借用文字、图片、语音等方式，在微信平台上实现和特定群体全方位的沟通互动。在这里可以通过渠道将自己的品牌形象推广给微信用户，减少宣传成本，提高品牌知名度，打造更具影响力的主播品牌，具体做法如下：

其一，主播通过微信公众号发布一些自己撰写的关于自身生活或自身直播等方面的文章，可以让主播现有的粉丝加深对主播的好感度，让粉丝对主播更为了解。

其二，主播可以分享一些关于直播话术、录播视频等小技巧，吸引粉丝的关注。

直播可以把观众带入场景，引发互动，从而增进主播与粉丝之间的信任。在微信公众号，"大 V"则可以拉近与粉丝的距离，从而提升关注度和影响力。直播再加上微信生态圈强大的裂变式传播，一场好的微信＋直播形成的效应将超过同样一条 10 万阅读量的文章。无论做产品发布会、培训、脱口秀还是移动电商，只要把直播链接嵌入微信公众号，那么观看直播的粉丝量一定远远超过真实现场的容纳范围。粉丝只需在微信上打开直播页面，无须登录即可观看、互动、分享。

（1）内容

要有高价值的内容或服务输出。因为微信公众号是媒体属性，所以有价值的内容才能引起传播。如果输出的内容质量很高，即使什么提示也没有，用户一样会关注。如果输出的内容质量低，就算附加上一堆关注提示，感兴趣的用户也不会因此增多。

（2）风格

粉丝的眼睛是雪亮的，如果公众号具有独特的风格，他们就可以清晰地感知到和他们沟通的是人，而不是一个冷冰冰、毫无特点的机器。比如说有的公众号是可爱的风格，除了平常文字和图片走"萌"路线以外，还会设计一个卡通形象作为吉祥物，以此把公众号的性格表达出来。

有特色的公众号可以与有共鸣的读者建立感情上的联系，一旦建立了这种联系，用户不仅会喜欢公众号的内容，还会自觉地帮忙转发。

（3）互动话题

通过话题来了解粉丝的动态，以及粉丝想要的是什么，不想要的是什么，之后我们在经营公众号的时候就能好好地把控这些内容，如此不但能够满足粉丝的需求，还可以让粉丝积极分享转发，为主播增加新的粉丝。粉丝黏度不是一朝一夕可以炼成的，主播运营微信公众号要有耐心。

2. 微博扩大号召力

说到现在火爆的开放性社交平台，"新浪"微博是位列前茅的，令人眼花缭乱的资讯更是"高能"。"新浪"微博的开放性极强，使用群体广泛，是一个真正的全民媒体微博，和直播类似，是年轻人的阵地。微博的开通让主播在直播之外的时间都可以与粉丝进行轻松的互动，从而达到轻松"圈粉"的效果。

微博中的"大 V"，更具有极强的感染力和号召力。如果能够成为"大V"，主播就可以通过微博发布自己的直播动态或是分享一些个人消息，其影响力和号召力可想而知。

然而自由也要有一个底线，如何做到出彩却不出格，是所有志在成为"大V"的人需要思考的问题。凡事讲究一个度，微博也不例外，把握尺度才能成功。微博自身也意识到了这个问题，屡屡升级用户举报系统，通过新增的多个举报入口，用户可直接举报垃圾信息、不良评论及不良用户，同时还可对举报类型进行归类。

微博是一个好平台，就像"万花筒"，异彩纷呈无奇不有，堪称主播的第二阵地。但主播发布微博时要拿捏好尺度，让成功名副其实。不管是主播本人还是关注主播的粉丝，作为有公德心的公民，如果看到了不良信息，不要犹豫，直接点击举报按钮，为净化网络贡献自己的力量。

二、中期：团队协作

一个人的精力终归有限，若只是在初期，主播尚可以兼顾一下直播和其他如视频、网店等副业，因为没有太多的问题需处理。一旦进入发展期，主播的流量激增，就需要兼顾不同时段、不同人群的观看需求，直播时长增加；加上平台签约后的硬性要求，以及随之而来的其他社交媒体、商业版块需要看护，就很难面面俱到了。好在这个时期，一般的主播都拥有了一定的积累，可以发展和组建自己的团队了，哪怕只是个雏形。

（一）策划团队

与单打独斗相比，签约平台虽然会带来束缚和限制，但也会为主播带来更好的资源和团队。例如，著名直播公司 Lin Edition Limited（Lin 家），将一些"散户"

聚集起来，进行公司化运营。平日里，主播负责在微博、微信、各直播平台上与自己的粉丝进行内容互动，她们的一言一行，事先都要经过公司的审核和同意，以免言语不当让竞争对手有可乘之机。

1. 组建团队，激发创意灵感

俗话说：一个和尚挑水喝，两个和尚抬水喝，三个和尚没水喝。"三个和尚"是一个团体，他们没水喝是因为互相推诿、不讲协作。"三只蚂蚁来搬米"之所以能"轻轻抬着进洞里"，正是团结协作的结果。要相信自己的力量，更得相信团队的力量，因为团队合作的力量是无穷尽的，一旦被开发，将创造出不可思议的流量。

2. 产业链条，IP 最终要为"利益"服务

根据"易观智库"《中国秀场娱乐市场专题研究报道》指出，在大环境中，随着微信、微博等新媒体平台与支付宝、微信等支付渠道的打通，加之众筹、打赏模式的出现，主播利用流量变现的模式已被打通。人们可以随时随地地看自己喜欢的主播、新闻消息等。同时，也可以随时随地地为自己喜欢的主播和物品买单，十分便捷。

除此之外，"秀场"娱乐直播的本科和硕士用户占比高达 24.4%，"秀场"的多元业务拓展，教育、财经、证券等多样化内容也正在逐渐丰富起来。对于主播而言，签约一些小型或是直播经纪公司也就可以了。下面我们就来了解一下签约经纪公司的优点：

第一，拥有资源。经纪公司资源多，并熟知市场需求，知道剧组需要什么类型的演员。

经纪团队里一般有 3～5 人的执行经纪人或经纪人助理，这个圈子并不大。他们每天负责联系各大直播平台，加各种圈内腾讯 QQ 群，给各种导演、制片人发电子邮件，加各个圈内人士微信进微信群等，总之用一切办法挖掘资源、建立人与人之间的关系。

第二，专业包装、规划。经纪公司可以根据主播自身特点结合营销市场需求进行包装规划，对主播应该走什么样的路线、名字好不好、形象需不需要重新打造、宣传照是否专业、网络资料有没有完善都要负责。

第三，熟悉媒体行业。经纪公司了解媒体思维，能够充分挖掘艺人的宣传点并制造舆论，提升艺人的知名度。

第四，了解相关法律政策。经纪公司熟知相关法律政策，能够避免产生纠纷。

第五，专业技能培养。经纪公司能够为主播的发展提供一定程度的帮助，例如，帮助主播打造出具有较高质量的内容。

（二）管理团队

营销团队需要多方面的考虑和协作，要在激烈的竞争中站稳脚跟，必须有一个与团队发展相符的组织架构。在直播营销中组织架构就可以简化许多，以直线式（基本配置）和矩阵式（高级配置）为主。因此在营销团队中的职位安排，也可以按照直线式（图 3-1-1）和矩阵式来进行。

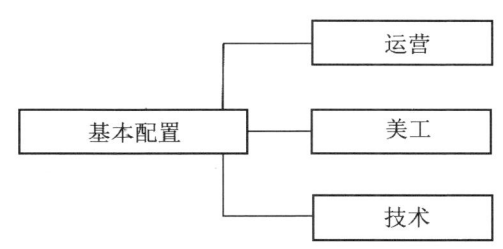

图 3-1-1 营销基本团队构架（直线式）

1. 基本配置

"直播＋电商"在真正投入运营时，往往会遇到人手不足、预算不够的情况。如何提升岗位的效率，让投入变得更小、效果变得更好成为新手必须迈的坎儿。在初期创业的情况下，可以充分发挥员工的潜力，让其接触多方面的工作。员工身兼多职能在很大程度上降低成本，也能为之后团队发展打下管理基础，这些能够跟随自己走过创业之路的员工，就是主播构建团队的基石。

虽然背靠直播平台，但作为合格的电商团队，在开始时跟其他的传统电商无二，需要拥有一名有经验的运营、一名具有社交媒体思维的美工以及一名技术人员。

（1）运营

运营需要在文案、创意、活动策划等方面活跃。可以说运营就是主播电商团队的大脑，负责衔接直播内容与产品、品牌的关系，并制作出合理的运营方案，指导美工、技术的工作，也需要承担起"客服"的一部分责任，可以说就相当于一个淘宝店主。

（2）美工

美工需要对社交媒体、网店中所有展出的图片、店铺页面、产品图片、图文内容和海报负责，根据运营所提供的思路和素材，将这些要素处理妥当，配合直播营销。相当一部分主播，都有由自己粉丝或雇员组成的美术组（其他还有录播组等，在此不做赘述）。

（3）技术

技术需要负责美工职责以外的网页、设备等的维护。虽然有不少主播选择外包技术员，但做出来的效果不尽如人意，更是由于外包的技术员服务的不仅是一家店，因此很难保证不出现差错和随叫随到。尤其是做外设等一些较为专业的产品，更是需要有"懂行"的技术员作为支持。

2. 高级配置

主播营销团队发展到成熟期的时候，需要统计网店的会员和历史积累的相关数据，挖掘更多的潜在价值。处于成熟期的团队是很看重数据分析的，因此，每个人都会有自己专门负责的事情。很难再像刚开始时，一个人能负责很多和自己岗位不匹配的事情。这个时候就出现了真正的管理层概念，需要以部门的形式，即矩阵式（表3-1-1）来管理。独立的团队主要由产品部门、技术部门、营销部门和客服部门这几个部门组成。

表 3-1-1　营销高级团队构架

高级配置	产品部门	产品经理
		策划、编辑、运营
	技术部门	技术主管
		网页、美工、第三方

续表

高级配置	营销部门	营销主管
		市场专员
	客服部门	客服主管
		客服专员

（1）产品部门

产品经理对主播（老板）负责，可选择由原来的运营人员担任。主要负责制订出详细的产品运营流程、推广方案等（策划），产品的上架下架、活动、产品页面的描述、照片处理（编辑），在网店及外网对产品安排页面图片链接和一切与产品相关的事宜（运营）。

（2）技术部门

技术主管对主播（老板）负责，选择熟悉网店业务的员工来担任（理解技术需求），将原本的美工人员和技术人员归纳进来，进行针对网店的维护和优化。此外，需要增加一名与第三方平台对接的专门负责人，维护包括微信公众号、微博等内容的同步更新。

（3）营销部门

营销部门也可称为市场部门，从原来的运营职责中分裂出来。除了需要负责数据统计、配合运营部门制定新的策略、提供选品等，营销部门还需要针对站外（如贴吧广告、百度竞价等）等手段进行扩展。当然，营销专员人数由主播（老板）的产品规模所决定。

（4）客服部门

我们多次说到了客服对主播（老板）网店的影响。这个部门是与粉丝直接接触的，关系到粉丝对主播的直观印象。成立客服部门，招纳至少两名的客服，能够保证领域的专业化，也能够保证客服在线的时长。此外，主播偶尔客串客服，也是一种营销手段。甚至于现在的淘宝，更是玩起了客服直播、在线答疑，由此可见，客服的地位越来越重要了。

（三）运营团队

一个团队要明确自己能干什么，怎样才能把事情做好，作为团队领袖的主播，在团队的运行中必须保持敏感。对于粉丝需求的变化要及时作出反应，带动自己的团队跟着一起转动。

1. 团队经营

电商团队建立培训制度的目的就是培养符合自己需求的成员，直播经济链越来越成熟。因此，针对所需要的不同岗位进行培训是很有必要的，例如：技术类的岗位，则要求员工精通网页设计，包括网站维护、编辑与美工。营销类的岗位，需要要求员工熟悉品牌产品、粉丝的服务等要素的综合应用，并能够将所学知识结合起来。

（1）以身作则

主播在团队营销中需要以身作则，成为整个营销机器转动的源泉，否则会出现各自为战的情况。即便大家都在努力，却可能不在一个方向上。这样相互掣肘，反而会让效率大大降低。盲目的领导者的破坏力其实更大，因为所有的"部件"都会围绕着领导者来转。、

（2）规范行事

没有规矩不成方圆，"直播＋电商营销"的团队并不是特殊的电商团队。在工作中，规范的用人制度依然是保证工作效率的基本。不能因为主播本身的风格是幽默风趣的，就在团队管理上也嘻嘻哈哈，不能根据自己的好恶办事，更不能意气用事。

（3）定期总结

互联网属性更加明显的直播，比传统电商营销更具备时效性，一个反向错误若不及时刹车，就可能让整个营销团队的策略谬以千里。因此，评估与总结是必要的。是发挥目前的优势部分，弱化和弥补自己的弱势部分，选择强强联合，还是转型求变，都需要根据总结来决定。

团队培训乃是主播之后一切转型、升级的基础。不论是游戏主播转型做电子竞技培训、"秀场"主播出道成为歌手，若没有自己稳定的团队支援，很容易陷入被动。如果希望将直播作为自己的职业，就需要提前做好准备，在恰当的时机

把自己的团队运营抓起来，而不是"临时抱佛脚"。

2. 激励方式

除了有效的培训和制度，团队激励也是运营团队的关键要素。必须通过适当的激励方式与手段来增强团队凝聚力和工作动力，尤其是对于以粉丝为基础培养出来的直播营销团队。当然，基础的激励方式还是物质利益激励，主要包括以下具体形式：

（1）奖酬激励

奖酬激励包括工资、奖金、各种形式的津贴及实物奖励等。如果以团队的形式稳定下来，主播就可以申请注册自己的公司，与员工签订合同，稳定"军心"。

（2）关心鼓励

主播的团队中可能存在粉丝，对于他们来说，参与到这个团队中来，薪资是次要的，他们更希望得到主播和其他粉丝的认可，为主播的团队作出贡献，对他们的认可比什么都强。

（3）目标激励

目标激励即以目标为诱因，是一种通过设置适当的目标，激发动机、调动积极性的方式。可用于激励的目标主要有三类：工作目标、个人成长目标和个人生活目标。

（4）表扬与批评

表扬与批评是管理者经常运用的激励手段。

（5）感情激励

感情激励即以感情作为激励的诱因，调动人的积极性。

三、上升期：职业化

如果说前几年的"网红"还只是应运而生的泛娱乐化产物，那么在近几年摸爬滚打之后，直播经济已经成为一个专业化的行业，从创意到运作再到收益自成体系，缺一不可。网络主播不再以一种尴尬的身份存在，而是一种正式的职业。

（一）直播与电商

直播红得发紫之时，"直播+"也不可忽视。那"+"后面应该跟着什么？在互联网时代，正当红的电商就与直播联系了起来，并发展得如火如荼。成为新风口的电商直播模式也不负众望，迅速吸引了大众的视线。电商直播是在新时代中产生的新经济模式。

在这里要再明确一下电商的定义。什么是电商？说白了，电商就是在互联网上为销售产品而进行的商业活动，是把现实生活中的商业活动，搬到虚拟世界当中来进行。这种交易方式非常便利和快捷，打破了时间和空间的界限，是对传统商业形式的一个巨大变革。在网络的催化下，"直播"是热点，"电商"也是，有前瞻性的人将两大焦点结合在一起，纷纷转向直播＋电商的怀抱。

1. 电商直播的流程

淘宝等电商直播的整个流程可以分为 9 步：目标、主播、模式、寄样、脚本、核对、准备、直播和复盘。

（1）目标

确认这次直播的目的是品牌宣传、活动造势还是产品销售。不同的目标会指向不同的直播形式。

（2）主播

要选择适合产品或者品牌的主播，很多商家对主播的主要要求是粉丝数量，建议商家在选择主播的时候要了解主播粉丝和自身粉丝的画像是否重叠。一个100 万粉丝的主播如果和自身的粉丝画像只有 30% 的重合，不如选择一个有 50万粉丝但是跟品牌 100% 粉丝重合的主播，物美又价廉。

（3）模式

模式主要有混播和专场两种。混播的优势是门槛低、灵活性高，适合推爆款、销量好的商品，费用比专场低很多。专场大多是品宣或者活动预热。

（4）寄样

寄样是为了让主播提前了解产品，寄出的样品也是直播中展现的样品。

（5）脚本

脚本的制作首先要符合主播的个性，根据主播的意愿来订制；其次要简短地融入品牌理念、产品特色、使用方法和背景故事；最后应突出利益点，要给直播间粉丝专属的利益。

（6）核对

直播的优点是实时互动，如果中间出现错误的话，可能会造成损失，所以最好安排专人跟踪直播，并由这个人控场。

（7）准备

安排好足够量级的客服，仓库里提前打包好，运营也要随时候场应对直播中的突发状况。

（8）直播

第一是实时关注直播进程，第二是安排专员记录直播间粉丝的需求，第三是及时调整利益点。

（9）复盘

直播结束后，大家可以复盘当场的直播数据，比如，在介绍哪些产品的时候在线人数高，这个产品的特点是什么。同时总结流程上可以调整的地方。后续可以跟踪粉丝对产品的评价。

可以说，电商用自己的模式把直播安排得明明白白，让其成为自己的营销利器。而主播也得益于电商，拥有了自己的全新直播内容和变现渠道。

2.电商直播经济链

事实上，现在淘宝上主播与孵化器公司的合作已经不算新鲜。"据《网红经济学：再造 1000 个 ZARA》的报道，一家孵化器公司可以为一个新晋主播和网络主播提供 30 余人的幕后团队，10 余人为主播作全职服务。

主播的背后，已经呈现出一个复杂的经济链。助推、商业化等环节环环相扣，电商经济背后的供应链也让我们看到了主播的成功离不开这些孵化器公司以及他们背后的产业链。因此，也有不少人认为产业链才是主播的未来。

（二）直播与综艺

目前，直播行业格局基本奠定，各大直播平台在保留原来内容形式的基础上不断探索新的内容形式。在新事物迅速融合的背景下，直播平台也渐渐催生了"直播＋综艺"的新玩法，不少直播平台已经开始尝试直播综艺。

随着泛娱乐化产业的爆发，"直播＋综艺"在迎来各自爆发的同时也都面临着各自的问题。直播 + 综艺是原本属于不同类型的娱乐方式却能融合到一起的典型。一方面是综艺节目可以借助直播的东风，吸引大量的观看流量；另一方面将移动直播行业与传统综艺结合，其真实性、实时性的效果可以给观众身临其境的体验，打破了只能对观众单向输出内容而缺乏即时回馈的传统综艺模式。直播平台的交互能力是无比强大的，相较于单纯的网络视频，观众和节目内容的互动性更强。

对于直播来说，作为泛娱乐时代的一种新玩法，"直播 + 综艺"的模式也是直播寻求内容多样性的结果。随着时间变化，用户对于直播内容的要求也水涨船高。直播平台急需更多的优秀内容来填补"缺口"。与综艺的结合不仅可以满足用户多种多样的娱乐需求，同时也突破了自身的天花板。综艺节目可以有不同的题材和类型，直播 + 综艺的推出使直播平台上升到了内容制作领域。

因此，二者的有机结合是直播寻求内容发展的结果，也是综艺节目寻求转型的一个机会。对于广大观众来说，由于直播本身的互动性，直播综艺在提高观众综艺参与度的同时，也给予了观众以至高无上的权利，观众可以通过打赏、投票等方式来参与剧情的发展和演员的评价。可以说，直播综艺的推出真正尊重了用户的主体地位，因而受到了广大用户的喜爱和追捧。

无论是直播还是综艺，都已经发展了很长时间，但就直播综艺而言，这个风口其实才刚到。为了争先抢风口，当下对直播 + 综艺的探索主要有以下几种形式：

①有直播元素的录播。

②纯直播。

③台网联动的直播方式。

④直播网综。

在经历了网红大产出的时代之后，内容已经成为能否吸引观众的重要因素。与娱乐圈强势 IP 联合打造直播 + 综艺已是最好的选择，而直播 + 综艺在未来一段时间内依然是重头戏。

（三）直播与教育

教育直播是在线教育的一种形式，按照教学内容来划分，在线教育主要有以下几种：语言类、考试考证培训、K12（kindergarten through twelfth grade）阶段基础教育、职业技能培训、特长爱好培养等。这几大类几乎涵盖了所有年龄段和行业的群体，每一类都有相当明确且壮大的目标受众群体。

不管平台侧重点在哪一方面，在线教育受众群体广泛、可选平台数量丰富、市场还未饱和是不可争辩的事实。也就是说，在线教育直播行业还有很大的盈利空间和更多新的模式。

1. 知识产权的崛起

一直以来，知识产权都是一个专业性较强的高门槛传统领域。若不是互联网的风潮汹涌而至，恐怕也不会受到广泛的行外人士关注。同时，知识产权行业又变得越来越和日常生活息息相关。

主打"互联网＋知识产权"的知识产权服务平台"权大师"，一次次对外宣布完成天使投资。虽然其提供的免费注册商标服务与"知果果"等知识产权商标服务类似，也是不彻底的免费服务，但是其提供的商标检索工具，却可以同时被商标代理从业人士以及商标申请者和持有者使用。显然，"权大师"找到了商标检索领域的"痛点"，并通过技术创新切入其中。

一方面，免费策略颠覆了传统的商标检索服务收费模式；另一方面，"权大师"商标检测工具也颠覆了传统商标检索体验。"权大师"模式的好处就在于其与传统商标代理机构之间的关系不是简单的竞争，更是一种合作关系，而其给商标申请者和使用者提供的检索服务，也能持续增强用户黏性。

与此同时，"权大师"在检索结果中，还提供商标交易入口，这对于收集潜在用户信息以及与此类用户建立良好互通关系，都打下了良好的基础。从某种意义来说，"权大师"具备构建"互联网＋知识产权"的生态服务模式，让传统商标代理、申请者及持有者共同受益。

至于"权大师"能否真正形成知识产权服务领域的"平台经济"，核心在于其平台何时能够实现规模突破。这个规模既包括传统商标代理机构及人员入驻和使用频次情况，也包括潜在商标申请者、持有者的用户规模情况。只有当申请与服务两端的用户规模相继达到一定量级时，平台才有可能进入良性运转，进而产生持续的交易。

无论如何，知识产权的营销影响着大众的日常生活。知识产权不再遥不可及，不再远离我们的生活，不再想寻求帮助时无处可找。

2. 教育直播的走红

回到直播，现在众多的在线教育平台让人眼花缭乱，其中，"腾讯课堂"凭借着其独特的风格占据了相当一部分在线教育市场。"腾讯课堂"是由"腾讯"推出的专业在线教育平台，汇集了多家优质教育机构和教师资源。作为开放式的线上平台，"腾讯课堂"不仅与线上教育平台联手，还计划引入优秀线下教育机构入驻，多方共同探索在线教育的无限潜力。

"腾讯课堂"拥有一个无可比拟的优势，那就是与腾讯QQ无缝衔接。作为"腾讯"旗下的产品，"腾讯课堂"充分借用了QQ的高人气。在QQ群组聊天一栏里即可购买"腾讯课堂"课程，这也保证了"腾讯课堂"拥有比其他平台更多的用户。

与多数在线平台将重心放在K12阶段性教育不同，"腾讯课堂"虽说也有初、高中等在线课程，却不是王牌板块。"腾讯课堂"的王牌是IT·互联网设计类课程。"腾讯课堂"不仅紧跟潮流开辟了在线直播教育模式，还紧随科技潮流，将IT科技相关课程作为重点，颇有些要拿下在线教育市场的气势。这一选择无疑非常成功，众多科技达人在腾讯课堂聚集，他们可能是开课的主播老师，也可能是想进一步提升自身的学习者。

"腾讯课堂"凭借腾讯QQ客户端的优势，实现了在线即时互动教学，提供流畅、高品质的课程直播，同时支持PPT演示、屏幕分享等多样化的授课模式，还为主讲教师提供白板、提问等服务。"腾讯课堂"在一定程度上改善了资源分布和发展的不均，依托互联网打破了地域的限制，让每个立志学习的人，都能接受优秀老师的指导和教学，同时也可以给优秀的机构及教师一个展示的平台。

"腾讯课堂"似乎打算在科技这条路上走到底，在互联网科技类课程大热的同时，还采取了高科技手段——推出了"云＋课堂"的模式。"腾讯课堂"还推出了由"腾讯云"的"大咖"亲自主讲的课程，涉及云计算入门、进阶等各阶段技术知识。

随着"腾讯云直播"功能日益精进，不难想象有一天"腾讯课堂"会与"腾讯云"联手直播，这不但能扩大直播平台和受众群体，还能进一步提升"腾讯课堂"的形象，扩大品牌影响力。

除了"腾讯"外，"云课"直播、"斗鱼"直播等平台也在逐渐发展教育板块。其中，"云课"是专业的 K12 在线学习平台，为接受基础教育的学生提供了方向全面的各类课程。它主打当下火热的直播在线授课，意在打破时间与空间的界限，为教师高效教学、学生高效学习、家长高效管控，以及机构高效管理提供了完美的解决方案。

"云课"网的直播课程立足于"云计算"科技，特点就是资源共享。以"云课"网中的免费直播课为例，课程面向的用户不只是某一位学生，而是不同地区、不同学校、不同班级的所有学生。只要成为"云课"网的用户，就可以共享一节直播课的资源，除此之外没有其他要求。

付费直播课与之相比多了一层付费的限制，但仍然是无地域、无时间限制的资源共享。"云课"网站俨然成为一个课程资源共享池，用户都可按需从中取一瓢池水。如今有多家教育机构因看好"云课"网的直播系统而入驻，包括"高能100""长郡网校""拓维 1 对 1"等。这些机构针对学前、小学、初中、高中等K12 教育的各个阶段，为"云课"网的用户打造了各类教育课程。资源共享必将成为在线教育的大势，"云课"直播先踏入了这个领域抢占先机，为应对以后的激烈竞争打下了坚实的基础。

说到教育直播发展，就不得不提到"斗鱼"。虽然大多数人对斗鱼的第一印象是游戏直播，"斗鱼"直播和在线教育也沾不了边，但其用事实说话，开启了名为"鱼教鱼乐"的教育板块，势必要攻下教育直播的桥头堡，争做在综合直播平台开教育直播的第一人。斗鱼在"鱼教鱼乐"的官方文案里介绍："斗鱼将在今年打造全新教育形式，寓教于乐，让每个人都学在其中，乐在其中。"

在教育主播的挑选上，"斗鱼"想要寻找的教师主播向游戏或"秀场"主播的风格靠拢。为了招揽教育频道的主播，"斗鱼"推出了"百分百签约"计划，即一切符合教育培训定义的内容都会被百分百推荐，观众达到 1000 人，就可获得与斗鱼官方签约的机会，并提供专属包装推广方案。

在直播课程类型的安排上，也能看出"斗鱼"的野心。"斗鱼"官方列出了可以被归类为教育的 10 个大类，除了常规的语言、K12 基础教育、职业技能和文化教育之外，调酒师等兴趣类技能也包括在内。多样化且趣味横生的课程分类吸引了大批观众。

第二节 直播营销的内容打造

一、合理借鉴

直播内容当然是原创的更受欢迎，但是原创需要的灵感和创意不可能随时迸发出来。原创不是轻松得来的，因其难度较大，成本也不低，更关键的是，原创的效果往往也是不可预见的。其实对于新人主播来说，寻找适合自己的、人气高的、力所能及的直播内容进行模仿，是比较稳妥的起步方式。

（一）学习广受欢迎的典范

虽说是模仿，但是切不可一味地照搬照抄，这样很难给粉丝留下独特的印象。更何况，这样的模仿还可能引起版权纠纷。优秀的模仿如很多主播尝试通过模仿一些大牌"明星"的妆容、穿着、语气、经典歌曲等各个方面，或搞笑或认真，带给粉丝不少笑料。这种模仿甚至能开创自己的特殊风格。而后，这些主播也成为被模仿的对象，模仿形式包括素材借鉴、风格模仿、同类挑战等。这种模仿带来的效应就是，人气高的内容可以在一夜之间引发全民"跟风"热潮。

模仿对于主播来说，是一种较为简单的学习方法，也能在初期吸引不少粉丝的目光。但是当新鲜度过了以后，观众就会对这个模式感到乏味。如果主播一直模仿某一种内容和风格，这个直播间很容易就会被粉丝抛弃了。所以，每一条通向成功的路都不会是一条坦途，没有人能随随便便成功。

纯粹的模仿者只能吸引到对被模仿人物有一定认知的部分粉丝。如果没有自己的东西，有朝一日被打上了某某模仿者的标签，那么以后的路子就可能会变窄，做什么都像是在模仿了。所以模仿也必须融入自己的东西，否则很难长久。

（二）挖掘自身的独特优势

粉丝是复杂和简单的矛盾体。复杂的是他们喜好不同，尽管主播花招百出，依然不能同时满足所有粉丝的要求；简单是指他们虽然各有所爱，但只要认可某一种风格或一个内容，他们就会成为忠实的粉丝。准确的内容定位才能带来全面的价值，全面挖掘自己的优势和价值才能相对广泛地吸引口味复杂的粉丝们。

1. 注重内容质量

如今，直播经济蒸蒸日上，直播相关行业竞争激烈，有无数创业者拥入直播电商的队伍，如今能在直播经济领域占有一席之地的"网红"都是百里挑一的好手，他们一定有特殊的内容优势让人难以模仿。

2. 注重不同人群的接入点

因时制宜不难做到，但也不容易做到，要瞄准大的目标对象，然后才能兼顾小的目标群体。直播电商在推销产品时只要把握住大方向，适当地辅以其他种类产品就可以吸引多个消费者群体。但切记不要顾此失彼，流失掉了主要的目标人群。

直播电商立足于整个网络社会，因此，所有网民都是直播的受众群体。除了针对性的目标群体外，难道主播就不关注其他群体吗？当然都要关注。因为不同人群的接入点不同，主播如果想达到全民粉丝的境界，就不只需要把握住目标对象，还要广泛吸收非主要目标群体为粉丝。

3. 精通专业知识

如果不能做一个"秀场"或娱乐主播，那就踏踏实实地学一门专业技能，做一个的技能主播。至于要学什么技能？那就要紧靠自己的能力和市场需求了。

就拿微博直播来说，其主播中就有很多美妆主播，向粉丝推荐好用的化妆品或进行美妆教学，只要化妆技术入得了眼，多少都会有粉丝流量。

4. 了解粉丝特性

"星星之火，可以燎原"，每位粉丝都是主播的星星之火，当他们汇聚时，能够让主播的人气以难以想象的速度"蔓延"，这就是粉丝的传播力。粉丝的热情支持力、喜好和传播新鲜事物的能力、源源不断的自我创造能力和强大的购买力，无一不让主播感受到一个道理：拥有粉丝就等于拥有了市场（图3-2-1）。

图 3-2-1　粉丝的特点

二、塑造模式

直播平台和头部主播格局逐渐稳定，很多新主播都使出了各种招数想在竞争中站稳脚跟，可以播的内容倒是不少，可是究竟怎么样才能红，都是很值得思考的问题。其实我们不妨从基础的模式分类开始，从模式的选择开始考虑做的内容，从而厘清思路。从热度来看，主要的直播形式大致可以归纳为：游戏直播、美妆直播、娱乐直播和严肃直播。

（一）游戏主播的技巧提升

如何能够快速地积攒人气呢？游戏是一个很好的载体，很容易为主播和粉丝创造共同话题。但是游戏直播的门槛，就是技术要过硬。这就不是靠化妆、靠嘴皮子能够弥补的。我们看到职业的电子竞技选手当主播，好像很轻松地就把人气攒起来了，但是很难看到他们背后所承受的职业病，如长久训练留下的腰伤、背伤。

1.看游戏视频

言归正传，游戏主播想要提高水平，多看教学视频是基础，不要觉得这样的视频枯燥，由这些"电竞前辈"制作的视频，实际上蕴含着很多我们不知道的运用技巧。这些视频是他们在长期的比赛、训练和直播过程中总结出来的，结合了实用性与观赏性的技术要点。

另外，经常看一些游戏比赛、教学的视频，还能增加对行业的了解、对变化形势的把握。在粉丝面前如果一句一错，或者一问三不知，会极大地降低粉丝的信任度。多看看游戏比赛类的视频，也能在直播时间内制造更多的共同话题，如在直播时讨论那些"游戏大神"的操作，与粉丝互动，甚至也可以直接把录像拿来做解说。

多看看其他同行的直播也是大有裨益的。很多大主播在开播前，都习惯性地逛一下自己平台的其他"同事"直播的情况。一是观察一下现在的行业趋势和游戏热点，二是找一些灵感和启发。然后也可以总结他们在游戏操作、直播模式中所出现的失误，然后想想如何去规避这些失误。

2. 听游戏解说

此外，还要多看游戏比赛解说。很多主播或许比较擅长玩游戏，却并不能做到在玩的同时与粉丝互动。闷头玩游戏并不是一个好现象，不是每个人都有"纯黑"那样能玩出观赏性的技巧。更何况在等待过程中，也会出现"冷场"的尴尬情况，应该多学习优秀解说员们是如何表达的。

说话是把直播与营销连接在一起的关键点。如果一个游戏主播不会解说，那么即便有再高的人气，也很难获得粉丝的真正认可，更难与他们打成一片。直接的后果就是庞大的粉丝群体无法良好地变现，哪怕只是单纯的礼物变现，都有可能不如一些能说会道的小主播。学会说话、调侃，把粉丝带入氛围，也是游戏主播的义务和职责。

3. 多进行实践

实践出真知，作为靠技术吃饭的游戏主播，若是只看不练，终归是无法达到效果的。就拿当下火爆的 LOL 来说，都是有"段位"一说的。"段位"越高，说明主播在游戏上花的工夫越多，游戏的胜率也是越高的。一个"青铜"段位的主播是很难吸引粉丝目光的。换句话说，就是直观地表现出，主播在游戏领域经验还不够，内容不够专业。

如果主播目前的水平还不够，就需要从低到高依次进行训练提高，花一些时间也是难免的。而游戏有输有赢，心态也是主播需要锻炼的要素。如果因为一局游戏的输赢就破口大骂、拉黑粉丝，甚至气到直接关直播，都是相当不负责任的行为。其实，主播也是普通玩家，没有什么特殊的，因此直播过程中主播"翻车"现象并不少见。

（二）娱乐主播的技巧提升

直播的营销意义就在于即时性的信息交互，所以，我们在直播的时候，不是一个劲儿地自说自话。如果不能及时跟在线的观众轻松互动，就失去了直播的意义，尤其是对于主体内容略显单薄的娱乐主播而言，更是如此。很多娱乐主播沉醉于"自弹自唱"，直播效果甚至不如一些"无声"的游戏直播。下面就来讲一讲，在进行娱乐直播的时候，应该怎么与观众互动。

1. 交流的时机

主播与粉丝比较常规的交流时机，就是粉丝进入直播间、关注主播、加入粉丝团、礼物赠送和提问的时候。对于新人主播来说，直播间的人数较少，每个进入直播间的人都是需要给予足够关注的。一句"欢迎×××来到直播间"，可以让"游客"产生归属感，产生"要不我再看看"的想法。对于一部分比较活跃的人还可以继续以一定的频率交流下去。当然，不能耽误正常直播。

如果直播间有关注、加入粉丝团的人，这样就完成了"游客"向"粉丝"的转变。这个时候是会在整个直播间显示文字和特效提示的，对他们表达感谢，一来可以增进信任度和感情，二来也可以给其他处在观望阶段的"游客"们一个信号，是一个让他们做决定的"小套路"。

接下来就是礼物赠送，这属于直接变现的环节。只有在粉丝对主播高度认可，并觉得需要予以支持的时候才会发生。念礼物是尽量不要滞后的，可以在不严重打乱直播节奏的情况下，适当优先将礼物和赠送的粉丝昵称念出来，表示感谢。部分平台也开发了辅助插件，用 AI 帮忙念礼物。

主播对于观众的提问，可以不用全部回答。我们可以有针对性地对一部分问题进行回复，就像淘宝等购物平台及微信公众号选择性展示热评一样。

2. 歌曲的选择

部分平台会有自己的付费曲库，为了将娱乐板块支撑起来，平台会选择购买一部分热门歌曲的版权，并授权由自己平台的签约主播进行演唱。如果不在这个曲库之列的，就需要主播自己去购买，或与平台协商购买。总而言之，没有版权，就是违法。

三、注重创新

直播的发展离不开时代背景，主播在提高自己内容质量的同时，也不能忘了直播内容必须是符合当下时代特征的。借助时代的风口、搭载主流文化，也是提升内容、增加营销力的良方。不过值得注意的一点是，千万不要挑战政策和法规。

（一）借助时事发挥想象力

有时候成功与否，差的就是时机。而各类营销手法中，事件营销是比较容易和时机挂钩的一类，也是越来越受企业关注的一类，因为其营销成本低、热度大。影响广泛的事件人人都想握在手里，事件并不多，电商企业却有成千上万家，要怎么才能脱颖而出呢？答案就是，出手要快、准、稳。

其一，速度要快。

"快"体现在对新鲜事物的了解、对节目或节目热点的关注和对流行趋势的掌握都要在同行之前。消费者总是对新鲜事物感兴趣，把握住这个特征而进行的营销往往会引起巨大的轰动。抓住社会上的热门事件、热门新闻，通过大众对社会热点的关注，引导读者对营销的关注。

事件热点大到奥运会、世界杯，小到某个节日或社会现象等。想要做好直播营销，应紧跟时代潮流。

其二，过程要稳。

直播其实是一个相当容易引起争议的行业，而主播一旦和比自己人气高、热度高的人与事发生"碰撞"，就很容易引起粉丝之间的争论，有的甚至会上升到一定高度，导致产生相反的效果。

（二）与当下主流文化圈相结合

"搞笑"并不等于恶俗，因为其目的和手段是良好的：以娱乐为目的，故意制作出的一些搞笑话题或效果等。这类直播能够给观众带来欢乐，情节在观众普遍能够接受的范围内，甚至能形成一种独特的风格。

无伤大雅的"搞笑"是让双方受益、粉丝开怀的。与恶俗不同的是，其不会产生不好的影响，但当"搞笑"过界就是两败俱伤了。

每个人对于"搞笑"的容忍度不同，在被"搞笑"的对象表示抗拒之后，如果还不进行调整，甚至变本加厉，就属于恶俗了。恶俗内容主要指的是一些虚假、粗陋、毫无智慧、没有才气、空洞而令人厌恶的东西，只能给人带来一时的欢乐，更多的是伤害。

将一些低级趣味的东西搬到台面上来讲，这些东西对于观众来说，不仅是毫无意义的，甚至会带来负面影响。低级趣味的东西也许能够带来一时的娱乐效果，引发粉丝短暂的好奇心理，待到粉丝们冷静下来之后，只会对这样的事件感到不屑，然后导致对主播的价值观产生怀疑。现在网络直播的管理更为规范，播出这种低俗的内容也会在第一时间被直播平台管理员、网络管理部门的工作人员屏蔽。

主流文化圈也并非刻板印象中的老几样，可以创新的余地也是很大的。例如，对于传统文化，可以结合现代解读手法；对于晦涩难懂的知识，可以采用轻松简单的表现方式；对于约定俗成的内容，可以利用创意反串的表演形式等。没有主题的内容，是很难真正打动观众的。

第三节　直播营销的场景划分

在全民直播时代，5G 赋予直播更多的可能，直播场景愈发多样，进而演变出了"直播+"模式，展现出了五种最佳的直播营销场景，即"直播+电商""直播+互动营销""直播+广告植入""直播+发布会""直播+个人 IP"。这五种"直播+"场景是目前市场选择的自然结果，给直播平台和主播找到了良好的变现方式。

一、直播+电商

随着互联网技术的发展，"直播+电商"成为电商平台的新选择，电商平台能够在原有的流量和用户基础上开通直播功能，以直播强互动性的特点提高消费者的黏性。与传统电商模式对比，促成"直播+电商"模式快速成长的核心要点就是把原先的静态产品展示转变成由主播、KOL 引导，由真人展示的模式，这能大幅地提升消费者的信任感。

当下直播电商平台的电商载体也各不相同，有的选择单一电商渠道，有的选择联合多电商渠道，比如，电商巨头淘宝就选择了自家平台，其他直播电商平台大多还是选择多渠道合作。尤其随着近年微信小程序的发展，多家电商平台纷纷开发自己的微信小程序，试图维护私域流量（表 3–3–1）。

表 3–3–1　各直播电商平台的电商载体

直播电商平台	淘宝	抖音	快手	拼多多	京东	小红书	蘑菇街	唯品会
电商载体	淘宝	淘宝天猫、京东、抖音小店	淘宝、天猫、有赞、京东、拼多多、快手小店	拼多多、微信小程序	京东、微信小程序	小红书商城、微信小程序、淘宝	蘑菇街商城、微信小程序	唯品会商城、微信小程序

电商平台做好一场直播营销其实并不容易，下面几点可供参考，协助主播方用创新的打法，缩短消费者"认同—认知—购买"的过程。

① "认同"环节：主播方要有担任销售人员的心态，了解用户需求，以专业的态度让消费者了解品牌，进而认知产品。

② "认知"环节：产品的优势要被最大化。

③ "购买"环节：除了产品本身的吸引力外，更重要的还是价格优惠。商家适度给出极大的优惠，以限时抢购或隐藏优惠券的方式激发消费者的购买欲。

重要的一点是，任何一种营销方式都要根据品牌的自身定位和属性而定，盲目地追随流行、人云亦云，反倒会因小失大，丢掉品牌的原有价值，得不偿失。

二、直播 + 互动营销

简单来说，互动营销就是买卖双方通过交流（如行为、言语等）达到获取双方所需东西的营销过程。而评判一场直播营销是否成功，一般会从内容本身、粉丝管理及互动三方面进行考核，可见互动在直播营销中的重要性。因此，"直播 + 互动营销"相当于直播中的强强联手，其最大的魅力在于通过有效互动为产品积聚热度，通过实时互动为观众全面解读产品，通过娱乐活动互动调动观众积极性等，使品牌得到大量曝光。

近年来直播间的互动玩法层出不穷，一方面可以活跃直播间的气氛，另一方面可以调动观众的积极性，激发其购买欲。目前直播间的互动玩法主要分为表中几类（表3-3-2）。

表 3-3-2　常用的直播间互动玩法

方式	虚拟道具打赏	多人小游戏互动	主播视频连麦	点赞红包	红包雨	直播抽奖
做法	用户通过给主播送系统自带的礼物，表达自己的情感想法	互动小游戏，如抢红包、猜密令等，这些游戏都是多人参与，一般情况下以优惠券的形式发放福利	连线互动，可以互相娱乐、合唱或者玩游戏	用户点击屏幕下方的"赞"，达到预设次数即可弹出一个红包，随机获得直播配置的奖品	商家设置红包雨，用户刷取并点击红包即可有机会抢到不同奖品，"炒"热直播间气氛	直接给用户发放奖品或红包，通过滚动截图评论或随机抽取用户的方式
常用平台	抖音、快手、京东	抖音、快手、淘宝	抖音、快手	淘宝、京东	淘宝、拼多多	所有直播电商平台

那么，当直播遇上了互动营销，直播营销又该以何种形式呈现？

1.把握需求，应变更要创新

市场从来不缺少需求，但很多需求是隐性的、细微的，需要品牌商挖掘。品牌商应该及时应对市场变化，结合线上线下的优势，开创直播新模式，探索出适合品牌的营销之道。如将直播与社交平台结合，吸引社交平台流量参与线上的直播活动；尝试线上线下配合，招募粉丝亲自参与直播，满足大众的猎奇心。

2.洞察大数据，从倒推消费行为出发

直播营销的目的就是利益，品牌商要善于分析过往的优秀直播案例，从消费者偏好出发。只有选择合适的产品进行直播营销，才能事半功倍。

3. 了解受众心理，适时发放福利

直播间的一大诱惑就是发放福利，品牌商要了解受众的获利心理，在直播间里提供福利"炒"热气氛。同时，要满足受众的主角心态，以受众需求为主导，增加主播与受众之间的互动。

三、直播＋广告植入

"直播＋广告植入"使得品牌商在直播间就可以自然而然地进行广告植入，观众则在直播间营造的氛围下自然而然地被广告种草。这种"直播＋广告植入"模式主要以品牌宣传为主，搭配电商平台销售为辅，是品牌商直播营销不可缺少的一种方式。

品牌商在直播营销上进行广告植入，有以下三点技巧可供参考：

1. 以品牌冠名直播

品牌冠名是直播间广告植入直接而简单的方式，品牌与产品相挂钩，关注该品牌的人群自然会比普通受众更关注该直播。"品牌冠名"不仅可以在直播主题中添加，也可以在直播间里放置该品牌的灯牌，让观众充分感受到品牌的力量。

2. 使用相关产品

在直播过程中使用该品牌的产品是直观、有效的广告植入方式。通过主播在线体验、讲解产品，或不经意提及、使用摆放在台面上的产品（如饮料品牌植入，主播可以在直播间隙中喝饮料），都会显得广告植入较为自然，不会让观众产生违和感。

3. 广告与直播内容、受众匹配是广告植入的硬性要求

目前直播受众大多是年轻一代，因此直播间的广告内容一定要符合年轻人的口味，与直播间内容相匹配，这样才能使该群体快速接受，使直播营销的广告植入效果最大化。

四、直播＋发布会

"直播＋发布会"已经成为品牌发布、推广新品的重要渠道。选择线上直播

发布会，品牌商除了可以缩减宣发成本、简化发布会场景布置外，直播触达的网民也数以亿来计算。同时直播发布会可以与电商等销售平台结合，完成从看到买的营销闭环，直接变现直播流量。

2020 年，"直播 + 发布会"模式更是成为品牌商的营销"破冰口"。小米 10 新品直播发布会给各品牌商作出了一个良好的开端，开了线上直播的先河。2020 年 2 月 13 日，在北京小米科技园里，这场"无人到场"的直播发布会却在网络上热闹非凡。根据小米官方公布的数据，小米 10 在开售 1 分钟后，全平台销售额就突破了 2 亿元，发布会在线观看人数达到 299 万人，微博话题收获了 12.6 亿阅读量。同时这场旗舰发布会塑造了小米品牌行业"领航者"形象，为小米品牌积攒了良好的口碑。

可见，直播发布会有其天然的优势，它耗资少、传播广，未来或许能成为发布会的潮流做法。那么做好一场直播发布会需要掌握哪些要领呢？

1. 增加亲民感

线上直播具有强互动性，品牌发布会要适当减弱发布会的商业广告性质，以亲民之势提高用户的参与感。如可以用线上连麦方式与用户交谈，了解用户需求。

2. 增加内容的丰富度

从不同群体的视角出发，增加发布会内容的丰富度，提升用户的观看兴趣。主播、品牌、平台的细节打造都能带给用户更深层次的体验，如选择娱乐型主播还是业界大咖，品牌调性是奢华还是普通，发布会场景是在展厅还是在会议室等细节问题都影响着用户的观看体验。

五、直播 + 个人 IP

直播平台是"网红"经济的一个出口，通过直播打造个人 IP，从某种意义上来讲，会更容易产生影响力。毕竟个人只要能够垂直深入一个行业，不断输出有用、专业的信息，就能形成固定粉丝量，每个人都可以在网络上建立自己的个人信任度。

当个人的粉丝达到一定数量的时候，个人 IP 会形成品牌。一旦个人 IP 成为网络品牌，其商业价值便不可估量。

　　打造 IP 的主要目的是与用户建立情感关联，直播营销中的 IP 主要分为网红达人、老总店长、技能专家、导购促销员四大类。而 IP 的塑造离不开以下五个方面的把握：

　　①完善的知识体系及制作有价值的内容输出。对产品的了解、对品牌发展模式的认知都非常重要。

　　②高曝光的传播途径。通过各渠道把自己的内容输出给用户。

　　③系统的运营思维。比如可以分阶段、分节点做活动运营等。

　　④种子用户。在直播间圈粉，给自己的一部分"钻粉""铁粉"优待的机会和名额，建立种子用户圈。

　　⑤好看的形象和有趣的灵魂。人物个性是很重要的，要做到真实不伪装。主播要有"一技之长"，这并非指拥有特殊技能，而是指要有幽默、风趣、博学等某一特点吸引人或者让人记住。

第四章 短视频内容与直播营销的协力策略

本章的主要内容为短视频内容与直播营销的协力策略，分为三个部分，依次是短视频内容的创作与推广、短视频内容与直播营销的融合与过渡、短视频与直播营销的规范。

第一节 短视频内容的创作与推广

一、内容创作：增加短视频的浏览量

（一）提纲脚本的创作技巧

提纲脚本的内容形式比较灵活，可以根据具体作品的内容要求、现场及对象的实际拍摄情况来调整。

提纲脚本具有以下特点：

1. 概括性和提示性

提纲脚本的内容不需要特别细致，但是要做到提纲挈领，所提示的内容要思路清晰、结构层次明确。只有这样，才能确保在拍摄过程中无论遇到什么不确定性因素，短视频内容的创作导向和整体结构都是可控的。

2. 不完整性和不确定性

提纲脚本多应用于一些拍摄环境或事件不完全可控的情况，因此，无法作出完整预案，这就使得提纲脚本的内容具有一定的不完整性和不确定性。比如在一些街头采访类的短视频作品中，由于随机采访对象的不确定，涉及人物的访谈或者对象的介绍时，不需要把每句话都写出来，只需在提纲脚本中简明扼要地点明

话题要点，然后由出镜者自由发挥，进一步引出后续内容，并根据现场情况做出临场反应，提出对策。

3. 结构性和逻辑性

提纲脚本虽然不能完全涵盖所有的内容，但是也需要有一个比较明确的内容结构和话题框架，以确保最终作品不会因为现场的不确定性而导致逻辑混乱。在进行提纲脚本创作时，可以先将作品的内容大致分为若干板块，然后明确每个板块需要具体体现哪些要点，在这些要点中又有哪些是需要着重展开表现的，同时明确板块与板块之间该如何进行衔接，逻辑关系该如何进行递进等。这样可以尽量确保短视频作品的结构完整严密，避免出现内容混乱的问题。

网络短视频的提纲脚本内容较为简洁，主要包括以下几个方面：

（1）明确主题及立意

用较短的篇幅来阐述作品内容的主题及创作意图。

（2）提前预判情境

分析拍摄环境与对象，对拍摄现场及拍摄对象的基本情况进行一定的预估，同时对拍摄过程中可能出现的一些突发状况进行提前预判，并建立适当的应急机制。例如，想要做一个向观众介绍地域庙会、传统特色美食的短视频作品，那么，创作者就必须根据庙会上的人流量情况、传统美食在庙会上的位置分布情况等，挑选出几种具有代表性的美食，并制订出合理的拍摄路线。

（3）重点信息整理

重点信息整理是指需要提前了解、掌握拍摄对象的相关资料或知识，并将重点信息提炼出来，以关键词或标签的形式放在提纲脚本中，以便在拍摄过程中做到心中有数。例如，在介绍庙会传统美食时，需要对该传统美食的历史、与之相应的典故、制作的技艺及传承等相关信息做到了如指掌，从而使作品的内容更加翔实丰富。

（4）明确风格定位特点

在提纲脚本中需要根据短视频的内容来确定作品的风格、节奏等基本调性，以便在拍摄的过程中根据前期的定调来指导运镜及表演等。可以在提纲脚本中明确作品的风格。

（5）明确内容结构方案

在提纲脚本中需要对作品的内容结构进行一定的设计，根据所要表达的主题和对象，设计合理的结构层次，从而使现场的拍摄能够有章可循。

（6）确定拍摄方案

拍摄方案主要包括拍摄的时间线、拍摄场景和切入话题三个部分。

（二）文学脚本的创作技巧

网络短视频具有短平快的特性，需要在短则几十秒、长达几分钟的时间内表达完所有的内容，信息密度较大。而且为了能够在最短的时间内吸引用户的注意力，还需要设计出新颖有趣的表现形式。因此，网络短视频在追求内容短平快的同时，还需要做到短而精深。这样一来，对网络短视频文学脚本的创作也就提出了更高的要求。

1. 选题方面

（1）创意选题，拒绝同质化

选题是文学脚本创作的第一步。对于网络短视频的内容生产者来说，如何选题成为摆在面前的第一个难题。选题决定了网络短视频内容生产的赛道和方向，不同的赛道所面对的竞争环境与运营方式各不相同。前期做好选题的创意设计与内容规划，不仅可以使内容产品在行业市场中脱颖而出，而且可以源源不断地输出更多、更优质的精品内容，强化用户黏性，并吸引更多粉丝用户的关注。

（2）建立选题库

网络短视频的内容生产是一个持续、长期的过程，内容生产者需要源源不断地输出优质选题。建立选题库的方式可以极大地保障内容生产的稳定性，形成高效的内容输出模式。

选题库的建立可以参考以下几个方面：

①日常的灵感积累。网络短视频的内容生产是一个持续、不间断的过程，这就需要创作者做一个有心人，善于从日常生活和身边小事中发现闪光点，汲取选题灵感，将有价值的信息提炼出来，纳入到选题库中。这是一个不断训练的过程，只有养成日积月累的习惯，才能厚积薄发，将时间的沉淀历练成灵光突现的创意。

②博采众长，分析竞品选题。他山之石，可以攻玉。通过分析、研究竞争对

手的优质内容选题，借鉴他们的成功经验，可以拓展选题思维，获得更多的创意灵感和思路。通过不断收集选题，然后对选题进行分析、整合、重组，总结规律，取长补短，假以时日也可以形成一个优质的选题库。

③整理用户想法和建议，纳入选题库。互联网作为一个开放多元的内容和观点分享平台，既为网络短视频作品的发布提供了重要的平台，也为内容生产者获取用户的反馈提供了便捷的渠道。如果想要吸引更多的流量，短视频内容创作者就要保证内容生产与用户需求的同步进化。可以借助数据分析的手段，通过关键词查找、账号用户数据分析和网站数据分析等方式，收集用户的评论、提问等有效信息，对其进行提炼和整理，并合理采纳其中的有效建议，将其纳入到选题库。因此，在大数据时代背景下，网络短视频的内容生产者要学会利用用户的"群体智慧"来丰富和拓展自己的选题思路。

2. 文案内容方面

（1）明确主题

选题的确定标志着内容生产已经迈出了重要的一步，但这还只是第一步。如何更好地挖掘选题的深度，以更有创意的视角和形式进行内容的开发和设计，这都是摆在策划者面前需要思考的事情。因此，在正式进行内容策划前，需要解决主题的问题，以帮助策划者理清创作的思路。

主题不是内容情节，也不是结构框架，而是短视频作品的中心思想，是内容的升华点。创作内容脚本的第一步，就是要明确该内容背后想要表达什么样的内涵深意，想要反映什么样的中心思想。作为内容的核心，主题只有明确，短视频作品才有内在的价值，内容产品才会彰显出强大的吸引力。

（2）确定"人设"

随着短视频行业进入存量竞争时代，要增强用户的辨识度，使自己在众多内容产品中脱颖而出，除了需要有一个吸引人的标题以外，还需要打造一个属于自己的与众不同的"人设"。

"人设"即标签，"人设"定位就是通过放大自身的某种特质，在用户脑海中建立起一个人格化和具有差异性的鲜活独立形象，让用户可以对作品产生强烈的好感和认同，并产生深刻的记忆。

同时，"人设"作为叙事表达的核心要素，也是讲好一个故事所必不可少的关键。一个好的故事，通常都是围绕人物展开的，所有的内容和线索都需要根据人物来进行设置。

一个好的"人设"，既可以为用户塑造一个有血有肉的鲜活形象，也可以借助运营的力量打造出一个内容有价值、人物有印象的 IP 品牌。尤其是在网络短视频 IP 化发展的趋势下，只有打造好自己的"人设"，才能使自己的内容产品更加准确、快速地获取更多的用户和流量，进而在后续成功实现内容的变现。

想要打造一个成功的"人设"，需要注意以下几个方面：

①分析定位，明确"人设"。网络短视频内容的"人设"一经形成，后续就不能随意改动。因此，在确定"人设"之前，需要根据自己的定位进行内容方向的分析，明确自身的特点、发展方向、用户群体等属性，以此作为确定"人设"标签的重要依据。

俗话说："好看的皮囊千篇一律，有趣的灵魂万里挑一。"[①]"人设"就相当于短视频内容产品中那个有趣的灵魂，只有明确定位，深挖自身特点，才能打造出独一无二的、让人印象深刻的"人设"，进而建立一个可以长期运营的 IP。

②放大特征，重复深化。一个优秀的"人设"不能是完全虚构的，因为在确定"人设"后，就要做好变成这个"人设"的准备。只有结合自身真实的特征来深入挖掘，并适当放大某个核心特点，通过不断重复、深化、表现、塑造这个核心特征，才能在用户脑海中形成记忆点，最终成为属于自己的标签。

③一以贯之的人物形象。一个鲜明"人设"的形成是创作者对内容生产进行整体规划和持续贯彻的结果。只有保持每期作品中的出镜人物身份固定、人物形象特征鲜明，并且表演风格一致，才能在长期的作品推送过程中使用户形成一种对人物的刻板印象，进而达到巩固"人设"形象并不断强化 IP 印象的效果。

④风格统一的情境设计。"人设"的打造不能只依靠人物自身的特征设定，需要借助场景空间和规定情境来完成。风格统一的情境和场景空间设计，可以使人物在每次出场时建立起具有延续性的视觉图景，帮助用户强化"人设"特征。

⑤打造特色语言风格。人物形象和情境风格是在视觉上为用户建立起一个鲜明"人设"的画面标识，需要注意的是，语言风格在塑造"人设"方面也同样具有重要的作用。生活中我们经常可以闻声识人，每个人都有属于自己独特的声音

---

① 张晓丽，夏正新. 文化聚力 [M]. 北京：中国纺织出版社，2022：183.

特色和语言风格，因此，在打造"人设"时，也可以通过对语言的设计来强化"人设"的记忆点。

例如，在人物语言设计上可以考虑是使用普通话还是方言，很多搞笑短视频都是利用方言的形式来增加喜剧效果；或者可以通过设计特殊的语速或发声方式，强化"人设"属性。

（3）具体内容设计

有了基本的主题和"人设"的方向，接下来需要做的就是设计文案的具体内容。网络短视频作品具有时长短、信息密度大、互动性强等特点，这也就决定了其文案内容的创作与传统长视频的文案有所不同。在进行网络短视频的文案内容创作时，需要把握以下几个方面：

①内容构思要有创意。可以说创意是内容产品的核心竞争力，尤其是在网络短视频内容同质化现象越来越严重的当下，只有有创意的内容产品才能在最短的时间内抓住用户的注意力，并使用户持续观看下去，提高完播率。这就要求文案的内容构思要新鲜有趣，既要贴近生活，又要避免老调重弹、千篇一律。

②结构紧凑，主题集中。网络短视频内容的输出效率和表现效果都极大地受到时间因素的制约，这就要求文案结构的设计一定要紧凑，主题表达要做到集中突出。

从内容表现效果上来说，文案的结构设计是决定能否留住用户持续观看的重要因素。要想在一个短则几十秒、长约几分钟的短视频作品中使用户始终保持注意力的集中，就需要在文案创作时每间隔10～15秒的时间就设置一个反转或看点，通过紧凑巧妙的情节结构的设计，来保持用户的注意力。短小精悍的内容也可以使主题思想伴随着戏剧冲突的爆发而快速升华，简单明了，不拖泥带水。

从内容输出效率的角度来看，由于时长的制约，因此网络短视频文案的叙事内容不能娓娓道来。即使是剧情类的短视频作品的文案，也不需要遵循传统的"开端—发展—高潮—结局"的线性剧作模式来创作。故事线索的设计要尽量简化，情节分支尽量单一，戏剧冲突要做到短平快，可以适当省略不重要的剧情发展，着重于刻画矛盾冲突和高潮，从而提高叙事效率。

③文案内容表达要有画面意识。网络短视频的文案写作不同于新闻文案或小说的创作，因为所有的文案内容最终需要被转化成影像，所以在进行网络短视频

的文案创作时，要充分考虑其内容描述最终能否用镜头语言来展现。

网络短视频的文案内容表达就要做到有画面感。文案写作的目的是用文字将创意构思的画面表述出来，让所有人可以通过文字的精准描述，在脑海中构建起影像的世界。这就要求文案创作时少用或尽量不用修饰性词语，多用具象化的语言去描述场景和事件，多用动词来刻画人物的行为，侧重于对人物动作和细节的描写，而对于一些抒情的修辞手法以及纯心理活动的描绘则要做到尽量少。

在策划网络短视频的文案内容时要有画面意识，要时刻思考自己所创作的内容是否符合影像化表达的要求。

④注重细节的设计。细节决定成败，对于短视频文学脚本的创作也是如此，创作出好的内容作品的重要途径就是要在细节处下功夫。如果说主题和结构是文案的框架，那细节的设计就是使这个框架变得生动鲜活的精髓部分。好的细节要具备真实、生动、巧妙的特质，既要符合生活逻辑，也要符合规定情境，能够鲜明而生动地塑造情节内容。这就要求创作者平时多观察生活、体验生活，善于从生活中发现细节设计的灵感。

⑤巧妙设计"三白"，辅助叙事表达。"三白"指的是对白、旁白和独白。其中，旁白和独白也经常被统称为"画外音"。

传统的影视创作非常注重画面的叙事功能，认为好的剧本文案应该用影像语言来叙事，"三白"越少越好，否则会导致观众像是在听广播剧，观看体验会变得沉闷无聊。

然而网络短视频作品无法用太多的镜头数量进行内容的表达，这时候就需要适当地设计"三白"来辅助叙事。

⑥基本格式要规范。网络短视频的文学脚本虽然可以根据时长和类型的不同在篇幅上灵活调整，但是基本内容格式要保持规范。除了单一场景的内容以外，如果叙事涉及多个场景，就需要按照分场的方式来撰写文学脚本。以"场"为单位，每一个场次要注明时间、地点，对应写出在该场景中所展开的具体内容。如果有人物对话，则应注明对话主体的名称，以及各自所说的内容。在文学脚本中可适当添加拍摄技巧的提示，但不需要标注镜号或景别变化等拍摄技巧，这是分镜头脚本的内容。

（三）分镜头脚本的创作技巧

在网络短视频文案的创作中，一般有两种分镜头脚本的创作模式：一种是根据文学脚本的内容来撰写分镜头脚本，这遵循了传统影视制作的创作模式，由导演来精心研读文学脚本，并根据对剧情内容的理解，运用蒙太奇思维将文学脚本的内容转化成一个个可供拍摄的镜头；另一种创作模式则是针对那些时长短、内容紧凑、表现形式较为简单、作品更新频率较高的网络短视频作品的生产，为了提高制作效率，可能会省去文学脚本的创作，直接以分镜头脚本的形式来进行内容的呈现。

无论是哪一种创作模式，分镜头脚本的基本创作要求和格式规范都是相同的，通常包含镜号、景别、拍摄技巧、拍摄内容、声音效果、转场技巧、时长及备注等信息，并对各个场景拍摄的时间、地点、所使用的道具及器材等作出相应的标注。根据不同作品的内容和类型特点，分镜头脚本的具体构成元素也可以灵活地调整。

可以说，在三种脚本类型中，分镜头脚本在网络短视频创作中是最常用也是最实用的一种脚本类型，这与分镜头脚本自身所具有的重要作用是密不可分的。分镜头脚本的作用包括以下几点：

1. 构建影像蓝图，预览影像效果

分镜头脚本可以将文学脚本中的文字内容转化成影视语言。虽然分镜头脚本也是用文字的形式来进行内容的描述，但它并不是对文学脚本进行的简单翻译或复述，而是通过视听语言的规范，将分场的文字段落转换成一个个具体的镜头，并赋予这些画面生动的可视化效果，构建起一个完整的影像蓝图，从而使创作者可以在开拍之前"预览"作品的画面内容。因此，分镜头脚本的质量往往体现了一个导演影像创作水平的高低，也事关作品最终呈现的效果品质。

2. 指导拍摄过程，提高拍摄效率

网络短视频的分镜头脚本作为拍摄过程中的蓝本，是所有工作人员与参演人员的行动依据。要在拍摄过程中让所有人都能够理解导演的创作意图，在紧张忙碌的工作流程中不出现遗漏镜头的情况，并能保证所有前期策划过程中对内容的设计与构思都被完整地落实下来，就需要用分镜头脚本来进行创作指导。有了分镜头脚本的保障，网络短视频的拍摄才可以有条不紊地向着预期的方向推进。

3. 指导后期编辑，保障成片效果

分镜头脚本之所以实用，是因为它不但可以在拍摄过程中为制作人员提供明晰的拍摄思路与方向，同时对于后期的编辑制作也有重要的指导作用，是完整贯穿网络短视频创作全过程的重要创作依据。后期剪辑时要在众多的素材中挑选出合适的镜头，并保证成片的内容结构与导演在前期的构思保持一致，这就需要后期制作人员按照分镜头脚本中所标注的镜号来梳理镜头组接的顺序，从而保障网络短视频成片效果的前后如一。

4. 把控成片时长，评估经费预算

由于网络短视频作品的时长有限，因此内容表达需要比一般的影视作品更加紧凑。所以，在创作过程中如何保证最终拍摄的成片时长不超出预期的设定，使作品的内容传达既能保证完整信息量的输出，又能实现叙事效果的感染力，最终打动观众；如何预估拍摄过程中可能会产生的成本支出，降低不必要的开支，以便更高效地完成创作任务，就成了主创在拍摄过程中需要面对的两大难题。

分镜头脚本不但可以把控、指导创作的全过程，还可以有效地把控成片时长。因为分镜头脚本是根据预设的成片总时长和叙事节奏来设计单个镜头的时间的，所以它可以有效地保障叙事时间和叙事效率。而且在分镜头脚本中，需要对参与拍摄的人员、场景、道具以及所要使用的器材进行相应的标注，通过明确以上信息，可以预估拍摄周期和相应的经费开支，帮助创作者提前评估经费预算。

具体而言，创作分镜头脚本时，需要注意以下内容：

（1）镜号

镜号就是组成最终成片内容结构的镜头顺序的编号。根据文学脚本中内容的发展过程，以阿拉伯数字的形式按照先后顺序来标注镜号。

需要注意的是，在拍摄过程中并不一定要按照镜号的顺序进行拍摄。但是在后期剪辑时，就必须根据镜号的次序来进行镜头的组接，以保证叙事结构和内容的完整性。

（2）景别

景别在分镜头脚本中是一个重要内容，其他要素往往可以根据具体情况的要

求而适当地省略，但是只有景别是不能够略过的。可以说，景别是分镜头脚本的"标配"。

景别之所以重要，是因为它是将抽象的文字语言转化成具象视觉形象的重要手段。无论文学脚本中对一个场景或内容的描述多么精准，都只能在读者的脑海中形成一种抽象的、没有边界的想象，但是影像在拍摄的时候，需要在由画框所围成的、有限的镜头空间中进行内容表达，如何将无限的想象空间转化成有限的画框空间，进而可以被镜头摄录进去，这就需要景别和规范。

简单来说，可以把景别理解为拍摄对象在画框中比例的大小，并通过这种主体大小的不同来形成视觉上远近距离的变化。大致可以将景别分为远景、全景、中景、近景和特写这五种常规类型，每一种景别在表现不同的情境和主体时有不同的作用。

（3）拍摄手法

拍摄手法也叫作镜头的运镜手法，是通过对镜头运动方式的设计来实现文学脚本中特定情境的复现。例如当观众在观看一些紧张激烈的追逐画面时，虽然屏幕的位置和观看的位置都没有动，但是观众却依然能够感觉到身临其境的运动感和刺激感，这主要是拍摄时镜头的运动方式所产生的观看的视觉和心理感受造成的。所以，在分镜头脚本中根据文学脚本的规定情境设计适当的拍摄手法，可以使作品的表现更加生动鲜活。

（4）拍摄内容

分镜头脚本是将文学脚本中所描述的纯文字性的内容做了镜头化的拆分，因此，在每个镜头中都需要注明该镜头所要拍摄的具体文案内容，以便明确拍摄任务。

（5）音响音效

因为网络短视频作品是用视听元素进行内容表现的艺术形式，所以除了镜头要素的影像化设计以外，还需要根据文案中所描述的情境效果来设计声音效果，以便起到渲染气氛、表现情绪、推动情节发展和主题表达的作用。例如想要表现一个人紧张压抑的情绪，可以在分镜头脚本的声音设计中将环境音设定为静音，音效只有人物咚咚的心跳声或急促的喘息声，从而营造出紧张压抑的气氛。音响音效的设计可以根据情境的不同来进行具体的表现。

（6）时长

在分镜头脚本中需要对每个镜头所需要的时间长度作出明确的标识，以便拍摄和剪辑的时候能够对应到镜头的重点内容，保证叙事的节奏性。

一般分镜头设计中的时长都是以秒为单位，如果想要提高叙事效率，可以通过缩短单位镜头时长、增加镜头数量的方式，实现在同等片长内获得更多的镜头量。以1分钟时长的短视频作品为例，如单个镜头的时长为5秒钟，那么在1分钟的时间内，叙事总镜头量就只有12个；但是如果单个镜头时长设定为2~3秒钟，那么在对应的叙事时间内，镜头数量就可以增加到20~30个，其叙事的信息量和效果也会相应提升。所以镜头时长的设计可以帮创作者实现更高效的内容表达。

（7）备注

分镜头脚本中一般会在最后一栏设定备注栏，以方便导演或场记记录一些拍摄要求，如外景地点、镜头拍摄的注意事项、重点处理手法等信息，都可以写在这一栏。

以上就是分镜头脚本常规格式的构成要素，在具体的创作中往往会有诸多灵活的调整，在形式上也可以采用表格式或者文字式这两种类型。无论是哪种形态，都是为了帮助导演做到心中有数、把控全局。

二、内容推广：扩大短视频的传播范围

立足于内容的营销推广才能事半功倍。富有吸引力的内容能够将高点击率转化为实实在在的热度，为发布者带来目标用户，提高"种草"的成功率。下面将详细介绍如何在内容上做文章，提高传播效率，从而扩大短视频的影响力。

（一）结合热点

在创作短视频时，创作者要注意结合时事，了解时下用户最关心的热点话题是什么。最火爆的内容永远是用户最想看的内容，因此，对热点的敏锐洞悉是每一位短视频创作者都应当具备的素养。但是，在实际创作中，为了兼顾短视频本身的质量、账号的长期发展，创作者在借助热点流量的时候，要注意以下四点：

1. 自然不生硬

热点的融入务必自然，最好的做法是从内容本身出发，挖掘账号和内容定位中与热门话题的相通之处，避免"蹭"热度的嫌疑。

2. 内容体现原创

借助热点不是一味地照搬热点，而是要立足于自身的特色，与热点话题有机结合，制作出新颖独特的原创内容，这样才能让用户感到新颖有趣，而不是让视频泯然于千篇一律的仿品之中。

3. 注意时效性

很多热点话题都只存在一段时间，一旦热度过去，再发布该话题相关视频也是徒劳。因此，创作者必须在时效期内把视频发布出来，这样才能吸引更多的流量。

4. 避免负面热点

在借助热点的时候应当有所筛选。比如，在选择一些明星、时事新闻时，创作者应当注意舆论风向，避免对账号和介绍的产品带来负面影响。

（二）拓宽渠道：多平台宣传，提高曝光度

随着互联网经济的不断发展，越来越多的平台崛起，这些平台围绕用户展开了激烈角逐，并且依靠不同的平台特性吸引了各具特色的用户群，这些用户群都是创作者宝贵的粉丝来源。短视频的推广并不需要扎根在固定的某个平台，多平台宣传能够为视频带来更高的曝光度，为账号提升打下坚实的粉丝基础。

1. 注意平台受众

每个平台的固有受众群是不同的，因此，在拓展平台时应当合理分析平台受众，选择最合适的策略。一方面，只有选择了合适的平台才能保证发布的短视频能切实受到用户喜爱，吸引粉丝；另一方面，合适的平台能够为创作者提供目标用户。

创作者要根据自身定位来选择不同的筛选逻辑。如果是受众较广的类型，则应当尽量选择用户差异较大的平台，拓展知名度，比如，搞笑短视频博主、生活用品的"种草"视频博主等；而如果受众较为精准，那么最好选择用户更加统一、

准确的平台，在特定的受众群体中进行推广，如穿搭博主、美妆博主等。

（1）选择受众差异大的平台

受众差异大的平台是指各平台之间用户群体重合度较低，创作者通过同时运营这些平台能够吸收不同年龄、不同社会地位、不同喜好的粉丝，扩充粉丝群体的样本。例如，美食博主，发布的内容都是各种美食的做法和成品展示，用户对这种内容的接受度比较高，而创作者所需要的目标用户也没有显著的年龄、职业等区分特征，因此创作者不仅可以在以年轻女性为主要用户群的小红书上运营账号，还可以在微信视频号上运营，背靠微信这一大型社交平台，用户群体十分庞大，传播性也更强，对此类账号的拓新引流有着非常突出的作用。

（2）选择受众统一的平台

很多定位更加细化的账号都拥有更加精准的目标用户群，比如创作美妆、美甲、护肤等内容的账号在拓展运营平台时，由于视频内容的目标用户为女性，因此仍然需要选择以女性用户为主的平台，这就是受众统一。但受众统一并不代表多平台运营就没有意义，恰恰相反，各平台自身不同的特性往往能够为账号带来更加全面的提升。

2. 同步更新

为了使账号有序运营，稳定提升，创作者在各平台的更新频率最好能够保持一致，在各平台更新的时间不宜太久。稳定且优质的内容推送是账号提升的基础，因此，在内容推送上，创作者应当一视同仁，如果创作者只是侧重某一平台，就会导致其他平台的账号提升过慢。久而久之，不同平台的账号差距越来越大，发展水平较低的账号也就难以为其他平台的账号带来实质性的帮助，运营的意义自然也就不大了。

及时更新内容还有一个好处，就是能够抢占红利期，尽可能将流量的主要部分攥在自己手中。现在有很多营销号并不发布原创内容，而是通过在不同平台之间搬运优质内容获取流量。也就是说，如果创作者发布了一则优质的短视频，热度也不错，很可能会被营销号迅速搬运到另一个平台。但假如创作者在另一个平台已经运营了自己的账号，并及时更新了视频，由于创作者发布的时间较早，又是权重更高的原创用户，用户在搜索相关长尾词时，则更有可能看到创作者本人发布的视频而非视频搬运者的视频。

3.平台间联动

平台间联动是指创作者在同时运营的多个账号中可以经常提及其他平台的账号。创作者在平时的微博中会经常提及本账号在哔哩哔哩的直播内容和直播时间，起到了宣传作用。同时，在每次直播之前，创作者还会在微博上发布预告，提醒微博粉丝观看直播。由于平台用户的差异，同一个创作者的不同账号，其粉丝量和构成往往是不同的，因此，创作者在联动的过程中，能够带动粉丝在平台间流动，让粉丝关注每个平台的账号，有效提升粉丝依赖度和黏性。

除了在文案中提及，创作者还可以在视频中添加引流信息，提升被用户看到的可能性。有些创作者会在视频结尾显示账号信息，提醒用户关注，但用户观看视频的时长难以预测，如果提前关闭视频，结尾的内容就失去意义。因此，让导流信息从头至尾显示是更加稳妥的做法。

（三）抽奖活动

转发抽奖能够调动用户的参与性。用户要想获得奖品，就需要按要求转发短视频。由于转发的操作成本很低，因此大多数用户也都愿意动动手指参与进来，从而吸引更多对活动或是短视频本身感兴趣的用户。抽奖活动能够快速提升阅读量和粉丝，为创作者带来更多的潜在用户。

1.大额奖品吸引兴趣

大额奖品即价值较高的奖品，能最大限度地刺激用户的参与意愿，吸引更加广泛的用户。因此，创作者在设置奖品时并不需要分析用户的具体需求和喜好，只需要提高奖品的价值即可。例如抽奖奖品为千元现金，这就是典型的大额奖品，无论对男女老少都非常适用。

2.利用奖品筛选用户

有时候，创作者也不必追求奖品的价值高低，可以根据目标用户的需求和喜好来设置奖品。比如，品牌或商家在宣传"种草"视频时，奖品就可以设置为视频所介绍的产品，让感兴趣的用户能够获得体验的机会。

（四）合作导流

仅仅依靠创作者自身进行推广，力度自然是不够的。创作者可以积极向外寻求合作，搜集更多的资源，实现推广账号、吸收粉丝的目的。

1. 联名产品

品牌方和关键意见领袖（KOL）可以合作推出联名产品。品牌方提供企业的知名度和生产链，KOL 拓展品牌方的客户受众，并推动用户消费。双方各取所需，也各自发挥作用，往往能够产生"1+1＞2"的效果。

2. 赞助活动导流

赞助活动导流是常见的合作方式，由品牌方提供活动奖品等资源，创作者进行宣传内容的创作和发布，双方的影响力加上奖品诱人的活动，能够发酵出巨大的热度。

三、发布技巧：提高短视频的点击率

对于短视频运营者来说，获取流量是运营的核心目标，也是实现变现的重点。在实际操作中，获取流量的第一步便是提高视频的点击率，让更多用户愿意点进视频。本书将具体介绍如何在发布技巧上下功夫，增加视频曝光率，提高点击率。

（一）发布时间

在移动互联网时代，信息传播的速度和广度均达到了前所未有的水平。在这一背景下，如何被更多人看见，成为几乎与内容质量同等重要的命题。想要得到更多用户的关注，需要找到视频平台投稿的规律，把握合适的投稿时间。

在合适的时间投放视频是获得流量的重要保证，创作者要善于捕捉流量高峰期。举个简单的例子，如果在凌晨 1—5 时投放视频，获得的点击率将会非常有限，因为这个时间段大部分人已经入睡休息，无法第一时间看到发布的视频；反之，在一些午休或是晚上饭后的黄金时间，视频的曝光率会有显著提升。下面介绍在短视频平台中几类常用的视频发布时间段：

1. 早上 6—8 时

一般而言，视频投放的时间段应避开早上。许多人还在呼呼大睡的时候，很难收获让人满意的播放量。但部分互联网深度用户或特殊职业者也会在早上起床时打开手机，看看平台推荐的各类短视频。这一时段的优势在于，流量大的账号不会在此时发布视频，竞争压力相对较小。如能获得平台推荐，进而吸引这个时间段的用户群体，收获的流量也较为可观。但选择该时间段的前提，要先充分了解自己对应的内容受众，是否会在此时间段观看短视频。

2. 下午 2—5 时

下午是适合放松休息的时间，众多短视频平台的陪伴必不可少。这一时间段的用户心态较为轻松，倾向于摄入愉快、开心的内容，能驾驭这类风格的创作者更能在此时间段收获用户的好评。

3. 晚上 7—9 时

一般而言，晚上是短视频投稿的黄金时间。这时发布视频最容易被推送至他们眼前。但具有粉丝基础的账号很可能也会选择在这个时间段来发布，与这些粉丝多、易被热门算法推荐的账号相比，新人账号需要拥有足够优质的内容，才能满足推荐条件，增加曝光量。

当然，这时通常会出现流量高峰，各个平台的情况会有细微差异。投放视频前，可以根据所在平台的具体状况，描摹流量波动图，选择适合自己的发布时间。此外，较高的更新频率也能培养用户黏性，在一定周期内收获大量粉丝与播放量。

（二）标题设置

毫无疑问，标题对观众充满了吸引力，恰如其分的标题能让短视频创作锦上添花。新鲜有趣的标题，能在第一时间抓住观众的眼球，下面介绍 4 种增加标题吸引力的方法：

1. 营造悬念

好奇心是人的天性，悬念类的标题就是利用观众的好奇心，将他们牢牢吸引住，在短视频的标题中留下悬念可以让用户猜不出视频内容，然后促使用户观看视频满足自己的好奇心。

2. 加强标题的代入感

代入感就是让观众产生一种身临其境的感觉。创作标题时要多从观众的视角出发，了解观众的真实诉求并反映在视频的标题中，以此引发观众的共鸣。创作此类标题常见的方法是用对话的方式或用生活的语言来描写，从而增强标题的亲切感，贴合观众的感受与经历。

3. 适当添加引导语

例如，"视频结尾有惊喜"这类引导语，虽然十分简单，但往往能使正在浏览视频的用户出于好奇心理多留一会儿，看到最后。创作者可以通过引导语吸引用户观看完整的视频。

4. 加热门话题标签

大多数短视频平台都可以添加热门话题标签，热门话题自带较高的流量，用户的关注度和讨论量也较高，话题的受众会对话题标签十分敏感，因此，在标题中添加热门话题标签无疑是在给观众一个信号，能够让观众在短时间内判断视频内容是否与自己的兴趣相关。在大数据时代，人们传播的资讯、冲击性强的新闻话题、"微博热搜"等，都有极高的媒体价值。对时事敏感的能力，也是新人创作者在缺少曝光度时期必须掌握的技能。随着某个词的走红，无数视频新鲜出炉，也使相关话题收获了不小的流量。

（三）封面选择

大多数短视频平台的视频是没有简介的，用户通过搜索第一眼捕捉到的信息往往都来自封面。一目了然的封面是吸引用户的关键因素。下面介绍 3 个封面设置小技巧，帮助创作者短视频的封面更加夺目：

1. 突出的主体

许多创作者会在封面添加鲜艳的标识、醒目的文字、特效图片、艺术字等，这些元素的添加都是为了概括本视频的主要内容，尤其对于"种草"类短视频，一些大多数观众习惯粗略地速读信息，寻找自己感兴趣的内容，在封面上突出"种草"的主体对象就尤为关键，要让观众透过封面了解视频推荐了什么类型的产品。

2. 鲜明的对比

在封面图片中展现产品或服务使用前后的效果图对比图，能够形成鲜明对比，从而突出产品效果，同时在视觉上激发用户的兴趣，增加视频的点击率。对比法常用于美妆测评、技能展示、方法教学类短视频。

3. 醒目且统一的字体

醒目的字体是指运营者在编辑封面时，将标题或重点介绍语加粗、放大，核心关键词以鲜亮的颜色重点标出，这样用户一看到封面就能马上把握视频的主旨和亮点内容，从而被成功吸引。

统一的字体是指运营者在发布的同类型视频中最好采用同一样式的字体，从而提高账号的辨识度。这在一定程度上也能加深用户的印象：当用户看过一次某账号发布的视频，第二次再看到类似标题时，就有很大可能产生熟悉感，从而点进视频，如此反复之后，用户对该账号的记忆也就越来越清晰。

第二节　短视频内容与直播营销的融合与过渡

直播带货是需要用户基础的，如果账号自身没有任何影响力，直播内容做得再好，观看人数和成交量也很难提升上去。短视频内容的运营正是为直播带货打下的前期基础，能够帮助账号实现知名度的扩张，提升带货能力。

一、短视频引流"涨粉"

短视频的发布就是账号内容的日常推送，是账号运营的基础内容。通过长期的内容推送积累关注度和粉丝群，从而实现账号的提升。只有账号的流量引导和"涨粉"取得一定成效，运营者才能开始直播带货的变现之路。接下来为大家介绍如何成功吸引流量和粉丝：

（一）紧跟热点，吸引流量

热点话题能够反映各平台用户的关心或需求。将短视频与现成的热点话题相结合能够减轻视频推广的压力，提高视频自身的曝光度。

（二）稳定更新，维系粉群

再多的粉丝也经不起"拖更"（拖延更新）的消耗。保持稳定的更新是运营者的基本素养，不仅能为账号带来新鲜的流量，更是固粉的重要途径。每一次更新都是运营者同粉丝进行交流的机会，能够强化粉丝同账号之间的联系，培养依赖度。

（三）频繁互动，加强黏度

除了频繁地更新，运营者同粉丝积极互动也能有效提升粉丝黏度。每一次更新后的评论区互动自不必说，运营者还可以经常发布一些日常动态，与粉丝进行交流和探讨，深入了解粉丝的需求，以便在后续的视频中能够更准确地抓住用户的喜好。而且"平易近人"的交流更容易加深粉丝对账号的印象，强化粉丝继续观看视频的意愿。

（四）展现专业，增强认同

高度的专业素养能够提升内容的质量，也能够让用户发自内心地信服，进而使用户对账号产生认同感，这对账号进行内容输出、推广变现都有所裨益。

（五）情感共鸣，提升信赖

在视频的制作与推广中，感情牌的效果也非常显著。运营者要准确把握用户的心态，确保内容能够真正传达用户的心声。当用户浏览到与内心想法一致的内容时，也就更容易产生点开视频的想法。

（六）硬性需求，掌握用户

除了用户想要了解的内容，运营者还可以从用户需要了解的内容出发，让用户产生"不得不"点进视频仔细观看的冲动。

二、直播带货提高转化率

长期的短视频内容推送能够积累一定的影响力和粉丝基础，这些都是进军直播带货的前置条件。直播看起来似乎只是短短几小时甚至几十分钟的闲聊，实际上，其在镜头前展现的只是一小部分。成功的直播需要长期的准备与筹划，直播带货更不是那么简单的事情。那么为什么直播带货的热潮仍然在持续呢？主要有以下三大原因：

（一）直播带货实现变现

直播带货为自媒体带来了新的变现途径，而且具有快速直观的特点。一场直播的时长通常在几十分钟至几小时，时间相对集中。在直播中，主播会对产品进行介绍，根据用户的需求和临时要求一一展示产品，最终带动成交量。

（二）实时互动炒热氛围

在直播的过程中，直播间评论区不断滚动，将粉丝的声音快速传达给主播，主播的一举一动也能通过画面实时呈现给粉丝，极大地缩短了反馈的时间，粉丝和主播宛如面对面交流，也就更有利于拉近双方的距离，充分调动粉丝的情绪。

（三）限时优惠促进消费

限时优惠就是仅限直播期间下单才能享受的优惠活动。为了刺激用户的消费冲动，最大化直播的影响力，很多商家都会提供这种限时优惠活动。对于消费者而言，以更低的价格购买到同样的商品无疑是巨大的诱惑，因此，消费者也会更加愿意在直播中下单消费。

第三节　短视频与直播营销的规范

目前，互联网上形成了庞大的带货市场，甚至一些头部带货团队已经有了自己完整的供应链，市场的景气体现出互联网经济的繁荣。因此，无论是带货主播还是视频创作者都该严于律己，从自身出发，规范自己的带货行为。

一、产品可售

带货是一种助销手段，无论推销的是产品还是服务，在进行正式带货前，主播或达人都需要确保产品或服务是合法可售的。以下将介绍什么样的商品是不能带货销售的，另外，还会简单梳理带货销售需要具备的资质。

（一）12 类明令禁止销售的商品

下面简单梳理 12 类国家各项法律法规中禁止销售的商品类型（禁售产品包括但不限于以下列举的商品）。

1. 仿真枪、军警用品、危险武器类

禁止销售危险武器，如枪支、弹药、军火及仿制品等；禁止销售能致使他人暂时失去反抗能力、对他人身体造成重大伤害的管制器具，如弓、弩、电击枪等；禁止销售能用于危害他人人身安全的管制器具，如管制刀具等；禁止销售警用标志、设备及制品，如军服、警服、军警肩章、军警臂章、警用手铐等。

2. 易燃易爆品、有毒化学品、毒品类

禁止销售易燃易爆危险物品，如手雷、炸弹、火药等，同时还禁止出售介绍制作易燃易爆品方法的相关教程、书籍；禁止销售国家名录中禁止出售的危险化学品和剧毒化学品，如砒霜、氰化物、强腐蚀性化学试剂等；禁止销售毒品及与制毒相关的原材料、半成品、其他致瘾性药物。

3. 涉及人身安全，隐私类

禁止销售用于监听、窃取隐私或机密的软件及设备，如窃听器、入侵软件等；禁止销售用于非法摄像、录音、取证等用途的设备，如隐蔽的偷拍设备、监听设备等；禁止销售身份证及身份证验证、阅读设备，如居民身份证原件、复印件、身份证读取器等；禁止销售盗取或破解账号密码的软件、工具、教程及产品，如盗号软件、黑客论坛账号、解封软件等；禁止销售个人隐私信息及企业内部数据，如个人资料、公司企业名录数据、隐私信息查询服务等。

4. 色情低俗，淫秽物品

禁止销售色情淫秽音像制品，如淫秽视频、光碟等；禁止销售淫秽色情网站、论坛的账号；禁止提供淫秽色情表演和服务；禁止销售口服或外用的催情类商品；禁止销售用于传播色情信息的软件及图片；禁止出售含有色情、暴力、低俗内容的图片和刊物。

5. 破坏性信息类

禁止销售含有破坏国家统一、破坏主权及领土完整、破坏社会稳定，涉及国家机密、扰乱社会秩序，宣扬邪教迷信，宣扬宗教、种族歧视等信息，或法律法规禁止出版发行的书籍、音像制品、视频、文件资料。

6. 医疗器械类

禁止销售精神类、麻醉类、有毒类、放射类、兴奋剂类、含麻黄碱类商品；

禁止销售国家公示已查处，药品监督管理局认定禁止生产、使用的药品；禁止销售未经药品监督管理部门批准生产、进口，或未经检验即销售的药品和医疗器械。

7. 非法服务、票证类

禁止销售、伪造、变造国家机关或特定机构颁发的文件、证书、公章、防伪标签等，禁止销售赌博性质类实物商品，禁止销售尚可使用或用于报销的票据，禁止销售未公开发行的国家级正式考试答案，禁止销售可能会导致不良的社会影响的相关商品或服务。

8. 涉及盗取非法所得及非法用途软件、工具或设备类

禁止销售走私、盗窃、抢劫等非法所得的商品，如走私车辆、盗窃而来的手机等；禁止销售考试作弊工具、汽车跑表器材等非法用途工具；禁止销售卫星信号收发装置及软件，如用于无线电信号屏蔽的仪器或设备；禁止销售涉嫌欺诈等非法用途的软件。

9. 人体、国家重点保护动植物、动植物器官及动物捕杀工具类

禁止销售人体器官、遗体，禁止销售国家重点保护类动物、濒危动物的活体、内脏、任何肢体、皮毛、标本或其他制成品，禁止销售已灭绝动物与现有国家二级以上保护动物的化石，如象牙制品等。

10. 伪造、变造货币类

禁止销售伪造、变造的货币以及印刷设备。

11. 违反国家行政法规或不适合交易的商品类

禁止销售虚拟货币、相关挖矿教程攻略及挖矿机等相关软件、硬件，如比特币及其挖矿设备、教程；禁止销售涉嫌违反《中华人民共和国文物保护法》相关规定的文物；禁止销售烟草专卖品及烟草专用机械；禁止销售军需、国家机关专供、国家机关特供等商品；禁止销售未经许可发布的奥林匹克运动会、世界博览会、亚洲运动会等特许商品。

12. 其他类

禁止销售由不具备生产资质的生产商生产的或不符合国家、地方、行业、企

业强制性标准的商品，禁止销售国家明令淘汰或停止销售的商品，禁止销售经权威质监部门或生产商认定、公布召回的商品，禁止销售过期、失效、变质的商品。

除了上述归纳的 12 类禁止销售商品外，还有一些国家法律法规和地方行政法所禁止销售的商品。无论是带货主播还是带货短视频的创作者，在进行营销前都需要仔细确认所推销的商品是否属于可售范围，切勿因一时大意出现违规销售的情况。

（二）商品的相关资质

在确保商品可售的前提下，带货主播（创作者）还需对商品的相关资质进行了解，确保商品的生产、销售均符合国家规定。商品需要厂家获得依法授予的生产许可证后才能生产。在生产过程中，厂家需要遵守我国的质量法和相关的行业质量标准，质量达标的商品才可流入市场。对于一些特殊品类的商品，还需要取得其他相关的资质证明，例如，从事食品生产的厂商需要具备《食品生产许可证》，从事药品生产的厂商则需具备《药品生产许可证》。

二、适度宣传

主播或创作者进行带货推销时，要格外注意对产品的宣传描述，不能出现夸大宣传的情况。夸张的宣传手法确实能让消费者产生购买的冲动，但这样的行为会侵犯消费者的知情权。当购买到的商品与描述不符时，消费者会觉得自己受到了欺骗，会对带货主播产生反感，甚至会进行投诉。中国广告协会制定的《网络直播营销行为规范》中明确指出主播在直播活动中，应当保证信息真实、合法，不得对商品和服务进行虚假宣传、欺骗、误导消费者。

从 2020 年由中国消费者协会发布的《直播电商购物消费者满意度在线调查报告》中可以看出，在"直播购物全流程满意度调查"中，用户对虚假宣传满意度最低。为了整治行业乱象、让消费者更加放心，不论是主播在直播间对产品的宣传，还是视频作者为产品进行的推广，都要秉持专业严谨的态度，进行客观真实的描述，既不夸大宣传，也不虚假宣传，这样才能为市场带来良好的风气。

三、售后保障

（一）重视商品质量

无论是主播还是视频作者，只要进行带货营销，就必须对商品的质量负责。和曾经盛行的明星代言类似，一旦商品质量出现问题，带货人不仅仅是名誉和口碑受损，还可能面临民事赔偿，甚至可能会面临刑事处罚。

因此，要加强带货达人自身的意识，明确商品质量和个人信誉是相挂钩的，不能图一时之利向消费者推销质量不过关的商品，更不能销售会损害消费者安全和健康的商品。

（二）加强售后服务

售后是营销后期的一个重要环节。为消费者提供优质的售后服务，有利于为品牌和 IP 塑造良好的形象。售后服务是指在商品出售以后所提供的各种服务活动，主要包括产品使用相关的安装、调试和技术说明，产品的清洁、维修和保养，处理商品的退换等。

无论是在直播平台还是短视频平台，很多时候都是由厂商与带货达人合作进行带货推广。进行带货的达人都应该设立专门的售后团队来为消费者服务，从简单地解答问题，到已售商品的物流配送、商品退换都需要由专人负责。这样可以为达人自身树立良好的形象，观众有了更好的购物体验，才会对带货的达人予以好评，更符合长期发展的理念。

四、了解平台规定

除了带货达人需加强自身的意识外，短视频平台和直播平台也应对达人带货营销制订相应的行为规范，这样既能保证各平台营销内容依法合规，还能促进互联网带货市场的繁荣发展。以下将介绍一些平台对达人带货行为的相关要求。

（一）平台的分级处罚制度

分级处罚制度是指对平台中一些违规行为按照严重程度划分为不同等级，对不同等级的违规行为，平台会采取相应的处罚措施。这种分级处罚制度常见于一些直播平台中，各平台会根据具体的情况，将分级处罚与积分制度相结合，根据实际的违规情况给予不同程度的处罚。

以淘宝直播为例，淘宝直播将推广假冒商品的行为视作"C类违规"，将严重破坏平台运营秩序或涉嫌违反国家法律法规的行为视作"B类违规"，将其他一般类型的违规视作"A类违规"。根据违规者的行为严重程度，淘宝直播会予以限制内容发布和账号清退等处罚。

（二）常见的带货违规行为

下面梳理一些常见的违规案例，希望达人在进行带货时能引以为戒，加强对自身带货行为的约束。

1. 人物穿着不规范

在进行商品带货时，有人物出镜是较为普遍的，很多时候为了让带货效果显著，出镜人物的服装会经过精心挑选，但若挑选的服饰不适宜，则会被平台认定为违规。

2. 带货直播过程中"挂机"

"挂机"就是指在直播带货的过程中没有进行商品的有效宣传，仅仅只是开设直播间并播放无意义的内容，这种行为会被像淘宝直播这样以带货为主的直播平台视为违规。

3. 商品展示不规范

商品展示不规范主要包括两个方面：一方面，对于一些特殊商品，不宜使用真人展示或是针对一些特定群体展示了不适合的商品，例如，对未成年用户宣传展示烟酒等；另一方面，在商品展示过程中，利用一些违背社会道德的宣传手段向消费者展示商品。

4. 带货时引导用户虚假评价

用户的评价往往会对商品的销量产生一定影响，为了促使消费者对商品留下好的评价，很多带货商家或主播会以"好评返现"为诱饵，引导用户留下好评，这样的行为会被平台视作制作虚假评论，将会受到带货平台的严惩。

除上述的违规行为外，还有很多不规范的行为需要达人和主播尽量避免。在进行带货前，仔细阅读平台的相关规定是十分重要的，有利于达人带货的正常进行，也有利于营造平台良好的带货氛围和环境。

五、增强法律意识

互联网带货实则是一种基于网络平台的商业广告行为，必须依据相关的法律法规进行规范。下面从法律的角度出发，提炼并介绍《网络直播营销行为规范》中的一些规则和精神，希望大家在从事互联网带货时能熟练掌握相关的法律法规，规范自身行为，让电商带货行业能够进入良性循环。

《网络直播营销行为规范》（以下简称《规范》）是由中国广告协会发布的规范。该规范主要对直播电商的商家、主播、平台与其他参与者在直播电商销售过程中的行为进行了规范，明确了各行为主体应尽的义务和需承担的法律责任。一些在直播电商活动中常见的不良行为，如网购刷单、数据造假等，在《规范》中被明确禁止。

在《规范》中，格外强调了电商网络直播平台的经营者需要履行监督管理的义务，要对平台内入驻的商家、主播的交易行为进行监管，防止主播诱导用户进行线下交易。

《规范》的第一章为总则，介绍了本《规范》的制定依据和基本原则；第二章对商家的资质、商品的合法合规和商家的发布行为进行了严格要求；第三章的规范主体为主播，主要从主播的账号信息与账号使用、在网络直播营销活动中的言行等方面进行约束；第四章为直播营销平台应当履行的义务；第五章主要指出了参与直播营销活动的第三方机构应尽的义务；第六章主要鼓励将网络直播营销活动与国家政策相结合，另外，还提到了平台需要对网络直播营销活动的各环节进行监督管理。

第五章 农产品的"短视频 + 直播"营销策略

本章的主要内容为农产品的"短视频 + 直播"营销策略，分为四个部分，依次是农产品"短视频 + 直播"营销的账号设计、农产品"短视频 + 直播"营销的内容生产、农产品"短视频 + 直播"营销的引流变现、农产品"短视频 + 直播"营销的品牌打造。本章主要以抖音平台为例进行具体论述。

第一节 农产品"短视频 + 直播"营销的账号设计

一、抖音账号的名称设计

在打造农产品的抖音账号之前，要了解竞争环境、了解对手、制订差异化的竞争策略，只有这样才能打造出与众不同的账号。

其一，充分了解对手，找准行业痛点。

互联网时代，竞争环境瞬息万变，创业要遵循"人无我有，人有我优"[1]的经营理念。这句经典语录，同样适用于抖音账号设计。

其二，结合自身特长，提炼传播焦点。

在提炼传播焦点时，不要盲目定位。提炼的传播焦点，必须和自身实力相匹配，要结合自身的特长。具体而言，要与农产品自身息息相关。

在抖音里，人人都是自媒体，都可以通过巧妙的定位，将自己打造成领域明星。如果不具备某方面的专业知识，又不得不做此类账号，可以边学边分享。

其三，抖音账号的专业设计。

如何评判一个账号的专业度？如何让自身的抖音账号更具公信力？如何给粉

---

[1] 何丹. 新国货浪潮 商战里的中国史 [M]. 北京：新华出版社，2021：278.

丝快速留下专业印象？所有的答案，都要回归到抖音账号本身的设计。

抖音的名字、头像、个性签名、背景图、持续输出的视频内容、互动交流，这六大核心内容都要符合定位认知。要通过头衔的提炼、账号的装修、内容的创作，将定位确定。

抖音账号的命名和抖音账号的定位息息相关。因此，抖音账号的命名要严格遵循以下几个命名原则：

1. 通俗易懂

不用难写、生僻的字，最好使用生活中常见的字、容易被记住的字，最好是输入法能够直接打出的字词，例如，小米、拼多多、瓜子等就是非常好记的名字。

2. 名字采用开口音

采用开口音的名字，比如，伊利、美团、华为、格力。读字时，嘴巴要微微向外张开，就是开口音的字，这样的名字好听，非常利于传播。

3. 不要和品类产生误解

比如，"小米手机"的名称不会产生误解，但是"小米蛋糕"的名称会让消费者认为蛋糕是用小米做的，就有可能会产生品类误解。

4. 确保能够注册商标

商标必须确保能够有效注册，起名字一定要有法律保护意识。随着运营账号的粉丝越来越多，账号名字会越来越值钱。因此，一定要提前筹划好，做好商标保护工作。

5. 好记更加重要

比如，蚂蚁金服、瓜子二手车、毛豆新车网、盒马生鲜、哔哩哔哩、天猫、苹果、小米等名字就是好记，这些名字和产品业务的关联性本质上并不大。

在抖音上，个人账号可以直接叫自己的名字，或者是带上专业领域关键词。比如，在农产品领域中，"我爱种菜""马哥火龙果种植"等名称就是很好的例子。再如，知识技能类的农产品账号，可以考虑用关键词命名，比如葡萄种植、大棚种植技术、瓜果蔬菜、五常大米等。

二、抖音账号的装修设计

抖音的装修设计主要包括头像、背景墙、个性签名、视频内容四大部分。进入账号主页，粉丝会通过查看抖音账号，对账号产生第一印象。印象好，粉丝就会关注；印象差，粉丝就会离开。因此，抖音账号的装修设计非常关键。

（一）头像的设计

头像如果是本人，就用自己清晰的图片即可，可以找专业的摄影师拍一套写真，突出美观或个人风格。

头像如果是公司，可以直接用 logo、公司品牌名称或能够代表公司形象的照片。

头像如果是产品，可以直接是产品照片。例如，如果是农产品，就可以用农产品的实物图片。

就 logo 或产品而言，应当尽量颜色亮丽、色彩突出，可以让专业设计师进行设计。

如果是通过内容吸引粉丝，曲线营销的账号，就要根据账号的定位，确定适合的头像符号。

例如，"楚贵园生鲜水果""百果坊水果"等账号，就设计了一个独特的企业图形符号作为头像。而其他的很多账号，则选择使用个人照片、实物照片做头像，例如"水果莎莎""聚果坊水果"等账号的头像，都是水果实物的图片。

头像的主要目的是让粉丝能够清晰地记住，因此，不要经常更换头像，选中后尽量长期使用，形成持久的品牌印象。另外，抖音的界面背景是黑色，所以选择图片颜色时需要注意颜色对比，尽量色差大一点，更能彰显头像。

（二）背景墙的设计

背景墙是指账号主页最上面的一张图片。

抖音背景墙的位置类似于微信朋友圈的头图，不过，抖音背景墙的重要性，要比微信朋友圈头图的重要性强。因为微信朋友圈的头图是点开微信账号的头像后，再点击朋友圈，才能看到。而抖音的背景墙，在进入抖音账号后直接就能看到。例如，"多辉水果"的背景墙是一个指导游客购买水果的说明文字图片。

所以，背景墙应当尽量找工作能力强的平面设计师进行设计，细节见专业。如果没有合适的设计师，可以在网上寻找兼职的设计师，非常方便。当然，设计成什么样的内容，还要看账号的定位。设计元素必须和定位相关联。

（三）个性资料的设计

在账号头像的下面是抖音号的位置。抖音号和微信号类似，是为了便于朋友搜索到此账号。抖音号是一串数字，可以修改成自己容易记忆的内容，但是只能修改一次，修改之后无法更改，所以一定要慎重。

在头像右边的"编辑资料"里可以找到修改入口。尽量只用拼音、数字，不要加一些特殊的符号。如果抖音号太复杂，别人用抖音号进行搜索时，输入字符就非常困难，很难快速精准找到。

在商品橱窗下面，有一行灰色字体，就是个性签名。个性签名可以在头像右边的"编辑资料"里修改。

三、抖音账号的认证管理

抖音和其他媒体一样，为了帮助账号增加权威性，提供了三个认证通道：企业认证、个人认证、机构认证。在抖音的"设置—账号管理"下的"申请官方认证"可以看到。

认证后的账号，个人认证会有黄色的星标，企业和机构认证会有蓝色的标记（蓝 V）。星标是一种"官方认证"的背书，更容易获得粉丝信赖。

一般情况下，公众人物、领域专家和网络名人（粉丝超过 1 万）的个人账号，多采用个人认证。只要发布视频≥1 个，粉丝量≥1 人，绑定手机号，即可申请。

抖音的企业认证和机构认证，也被称为"抖音蓝 V 认证"，有明显的身份识别功能，能够体现平台的背书，提升品牌形象。企业认证适合企业开通，机构认证适合媒体、国家机构、其他知名机构开通。

开通认证好处有很多，主要分为以下几大类：

1. 具有专属 V 型标识，并且昵称会置顶

开通蓝 V 之后，会得到官方蓝标认证，头像右下角会有一个明显的蓝色对号，

会让粉丝感觉这个是官方账号,对其更加信赖。

比如,搜索"水果",会出现很多类似的同名账号,但是经过认证的账号会被粉丝更加信任。

2. 具有外链跳转、联系电话功能

开通蓝 V 之后,就具备了外链跳转和联系电话功能。外链跳转可以直接跳转到公司的官网或者 H5。

官方电话点击之后,就直接跳转出电话号码。意向客户可以选择直接呼叫。这样非常便于企业营销转化。

3. 营销型视频内容,不会被过度打压

很多朋友反映自己的账号几十万甚至上百万粉丝,突然之间被封了,或者被严重限流。如果不是违背了抖音的视频发布规则,那就是视频带有明显的营销广告性质,属于营销型视频内容。

对认证后的账号发布的营销型视频内容,抖音的管理目前相对宽松,还未出现过度打压现象。所以,现在是做抖音电商非常棒的红利期,认证蓝 V 是抖音电商的关键。

4. 抖音为实体店提供了丰富的店铺营销功能

抖音的店铺营销功能为实体店提供了丰富的营销工具,尤其是 POI 地址和热门话题功能。

越来越多的线上用户通过一种叫作"POI"的营销工具找到门店,并顺利转化为实体店的消费者或"线上品牌推广官"。POI 全称为"Point Of Interest"(兴趣点),它通过 LBS 基于位置的服务定位技术,能够使用户发布视频挂上门店的POI 地址。用户发布视频的时候,也可以直接插入 POI 地址。感兴趣的用户点击视频的 POI 地址,便可以直接进入门店信息页,再也不用苦苦追问"这家店在哪?怎么找到这家店"。信息页更包含有实体店的线下地址、预订电话,也具有自定义优惠券设置、店铺相册产品展示等功能,为企业提供了更直观的信息曝光和流量转化。

在抖音的搜索入口,有一个"地点"栏。在搜索栏输入实体店名字,点击会直接跳转到实体店的信息页。点击信息页上面的地图标记，就会出现 POI 地址。

企业可以绑定该地址为店铺地址，POI 地址页将展示对应企业号及店铺的基本信息。目前，抖音支持高德地图上的所有地址认领。一个企业可以申请多个 POI 地址，但是一个 POI 地址只能被一家企业认领。所以，现在也是认领地址的红利期。

"热门话题"是传播性极强的工具，认证后的账号具备"发起话题"功能。

5. 一分钟权限、视频置顶、私信特权

当账号粉丝数量低于 30 个时是不具备一分钟视频权限的。但是认证蓝 V 之后，可以直接具备一分钟视频权限，并且具有视频置顶功能，可以将最多三条视频进行置顶。

同时，可以对视频的评论进行置顶、删除、管理等操作。对于粉丝的私信，可以设置自定义回复。私信也不再折叠在一起。并且，陌生人给企业发信息不再有只能发 3 条的限制（如果陌生人私信企业，企业未关注该陌生人，该陌生人只能给企业发最多 3 条信息。企业关注了陌生人，则不再受限）。

6. 商品信息分享及购物车功能

企业开通企业认证后，如果拥有的淘宝和天猫账户开通了淘宝客功能，就可以在抖音直接外链淘宝网店。用户可以在相关的视频内添加购物车，商品和视频信息可以同步发布。目前，抖音也支持企业开通抖音小店直接卖货。

7. 三大维度数据监测

开通蓝 V 认证的企业号，可以对主页数据进行监控，可监控的主页数据包括访问人数、访问次数、访问比率、跳转链接次数、粉丝数、新增粉丝数。可以对视频数据进行监控，包括：播放数、点赞数、评论数、分享数。可以对用户画像进行分析，包括性别分布、年龄分布、平台分布、地域分布、兴趣分布。

对数据的把控，有利于企业把准视频热点，提高创意洞察准确率，科学评估品牌的声量，精准了解用户的兴趣爱好。如表 5-1-1 所示，总体上可以将蓝 V 认证的好处进行对比展示。

表 5-1-1 蓝 V 认证的好处

分类		权益	权益介绍
运营项	企业号特权	账号打压	不受到广告营销的评级打压
		内容打压	非企业账号发营销内容会被打压
		同步认证	一个平台认证可以同步三个平台
通用权益	信息权益	认证外显标识	蓝 V 标志及认证信息
		昵称锁定保护	昵称不允许重名，先到先得
		昵称搜索置顶	企业号昵称全匹配搜索时置顶显示
	内容权益	一分钟长视频	企业号视频最长时限 1 分钟
		视频置顶	企业号主页可以设置 3 个置顶视频
	效果转化	官网链接	企业号主页添加官网链接跳转按钮
		电话拨打	企业号主页有电话拨打组件
		小程序植入	企业号可以接入小程序（目前暂未开通）
支持	信息管理	信息自定义回复	用户私信触发关键词，将自动回复
		私信不折叠	企业号私信不做消息折叠，均展开排列
		私信无上限	用户给企业号发信息不做三条限制
		评论置顶	企业号可对评论设置评论置顶
	数据分析	主页数据	主页访问 PV、新增粉丝、粉丝数
		视频数据	播放量、点赞数、评论数、分享数
		互动数据	跳转链接点击 PV、挑战赛点击 PV
	用户管理	用户管理	用户信息展示、添加信息标注

续表

分类		权益	权益介绍
垂直细分	线下门店分享	认领	企业号主页添加官网链接跳转按钮
		POI 信息编辑	电话、营业时间
		POI 相册编辑	推荐产品、环境、相册展示
垂直细分	线下门店分享	POI 详情页	汇集视频内容
		POI 卡券	优惠券、活动
	电商专享	电商购物车	在视频内添加购物车功能，支持外跳
		电商小店	企业号主页添加橱窗按钮

第二节　农产品"短视频+直播"营销的内容生产

抖音经过了 2018 年的成长，2019 年进入结构调整阶段。新玩家激增，竞争更为激烈，新账号需要做好差异化内容定位，才能快速破局。老账号也需要及时调整定位，方能突破成长瓶颈。

另外，越来越多的抖音账号，不再满足于做好视频内容本身，更希望在商业领域有所突破。所以，内容的重新定位和创作，已经成为大家最大的共性需求。下面重点讲解抖音内容的创作技巧，因为内容创作是玩转抖音的核心。

一、差异化的 IP 定位

每一个抖音账号都是一个独立的 IP。内容预设和人设定位决定 IP 未来能够走多远。独立的世界观和差异化的内容，能够让 IP 更有生命力。大量的账号研究数据显示，IP 定位精准的抖音账号，成长的上限天花板相对较高，粉丝量级相对较大。因此，在创作抖音内容之前，IP 的定位是重要的工作。

IP定位一个比较常见的方法就是定位垂直领域，即一个账号只专注一个垂直领域。因为如果今天发美食、明天发英语、后天发游戏，没有自己专长的领域，就非常不利于账号的平台推荐，也不利于软件算法对我们的内容进行精准定位和判断。并且，定位垂直领域与内容推荐与后期带货的匹配相关，相关度越高，内容引流就越容易，带货能力就越强。

就农产品的IP定位来看，十分需要运营者注重差异化营销。

在营销实践过程中，如果自身产品非常漂亮，颜值很高，或者科技范十足，可以直接拍摄产品进行营销传播。例如，如果农产品的外观本身就非常美观，则要注重对于产品本身的拍摄。

通过对各个垂直领域的作品进行分析，我们会发现以下4种比较常见的IP：

故事型IP，将故事和剧情通过表演的形式向用户传达自己所想表达的情感和想树立的形象。

产品型IP，有些产品被很多人热爱，然后围绕这些产品延伸出了相应的消费，典型如小猪佩奇。

创始人IP，在这个个性化消费的时代，消费者希望买到的产品跟他个人的价值观、个人的品位相吻合。所以，抖音账号经营者的价值观、品位会影响人们是否购买他推荐的东西。

知识型IP，这个人必须在某个领域拥有持续的原创内容的产出能力，而且必须有一定的影响力，"樊登读书"就是这一类型的典型。

想要打造一个IP，起步要做的就是人物的设定，比如，有些明星的人设，向外界所展现的形象，包括外部形象和性格特征等。

进行差异化IP定位时，我们要有意识地给自己"贴标签"，确定给自己的账号打上什么样的标签。这样，当人们想要看标签内容的视频时，会第一时间想到这一账号。

二、内容的产生方式

简单来讲，短视频、直播营销价值内容的产生方式可以分为三种。

（一）用户原创（UGC）

用户原创内容是伴随着以提倡个性化、交互性为主要特点的Web2.0概念而兴起的。它并不是某一种具体的业务，而是一种用户使用互联网的新方式，即由原来的以下载为主变成下载和上传并重，用户将自己原创的内容通过互联网平台进行展示或者提供给其他用户。

UGC 模式无须投入太大的成本，对带宽的消耗成本也比较低。当短视频成为互联网信息传播的渠道后，以前没有尝试过视频形式的用户（即原有的文字 / 图片创作者）自然而然会尝试新兴载体。多数平台在受众点赞、评论、互动之后能第一时间显性提醒，对创作者能力的认同、赞赏满足了创作者的社交需求、归属需求以及自我实现需求。在这一过程中，创作者身份不断得到认同和强化，用户对短视频这一形式的接受度和熟悉度也随之加深，并开始将尝试性行为转化为习惯性行为。随着越来越多的观看者向创作者转化，短视频、直播行业的第一波引流也实现了。

UGC 的重要特点是创作门槛低、大众可参与。

（二）专业生产内容（PGC）

少数脱颖而出的 UGC 创作者为了保证生产的流程和整个内容供应链的稳定，也逐渐专业化。专业生产内容在生产上遵循与电视节目类似的专业制作方式，在传播上则利用互联网，根据互联网特性调整后传播。对于内容型产品而言，UGC 的作用主要是促进内容生成与流通，而内容的质量和社区的氛围决定着用户的黏性。

PGC 的优势在于专业生产及运营。市场逐渐成熟，助力 PGC 发展。随着短视频、直播市场爆发，参与者已经有了一定规模，消费者已经形成习惯，PGC 的竞争力随之凸显。

和个人发展路径不同，专业内容生产团队对视频的专业性、策划水平要求更高，它需要了解观看者喜欢什么样的内容，将观看用户转化为粉丝后，又可以持续地跟粉丝进行互动，持续地经营已有的有效流量。

现在，短视频内容应用的垂直化、分众化趋向显著。垂直化生产不仅有助于积累特定用户资源，提高用户黏性，帮助信息精准抵达，同时，也有助于快速确立小平台的个性化形象。

随着供给侧的增长、自制领域的勃发以及分发技术的不断成熟，垂直类短视频玩家的集体涌入是可以确定的趋势。例如中国首个新媒体短视频奖项"金秒奖"第一季度颁奖典礼就设置了美食、旅行、知识三个垂直类型奖项，也表现了行业对于垂直内容的支持和期待。

（三）未来内容生产模式（MCN）

MCN（Multi-Channel Network）是舶来品，是一种多频道网络的产品形态，主要将PGC内容联合起来，在资本的有力支持下，为中高端内容创作者提供IP版权管理、招揽广告和品牌赞助、挖掘营销推广机会等各类服务，从而保障内容的持续输出，最终实现商业的稳定变现。

MCN模式已在海外得到验证。以Maker Studios为例，这家MCN公司目前制作了超过30个项目，通过全球超过5.5万个频道面向3.8亿观众制作和发布视频，月收看量约为55亿次。同时，该公司还成立了专项基金用于支持100个创作人的原创创意研发，以进行进一步的内容孵化。2015年，被迪士尼以6.25亿美元收购。

在国内，MCN发展正当时。在短视频内容普遍由普通用户产生，逐渐过渡到PGC的同时，短视频创作组织也在不断进化，从个体转向组织化、机构化发展，从单一内容生产者转型为MCN。

目前与微博建立合作关系的MCN机构已达300多家，覆盖了近4000个账号。2017年2月，秒拍第一次推出MCN机构榜单，鼓励MCN机构的发展。秒拍的合作商微博已经启动MCN管理系统内测，为MCN机构提供成员管理、资源投放、商业变现、数据分析四大功能，从产品、资源和商业化等方面，持续加大对视频MCN机构的扶持力度，形成完整的视频MCN机构成长解决方案。

以上是对内容生产方式的介绍，在具体进行农产品短视频和直播内容录制时，更多的是结合自身的实际情况来操作。短视频和直播只是一种工具，特色农产品才是根本。所有特色农产品的短视频、直播内容都要抓住产品本身的特点，辅助拍摄地点、环境元素，加上个人讲解，基本就足够了。

三、视频的内容分类

在短视频和直播平台上发布视频的内容主要有以下几类：

（一）农业教育类

对农产品生产的全过程进行跟踪拍摄，对每个环节进行详细讲解，让消费者对农产品的了解更加深入，从而产生信任感，进而产生购买欲望。这种视频既包括农产品种植的过程，也包括农产品进行加工、包装的内容。每一个小过程都可以作为一个知识点来做视频。

（二）产品科普类

产品科普类视频的内容是向大家科普农产品知识及与之有关的生活小常识，如瓜果的挑选、保存。制作这类视频要注意的是有稳定的内容输出，从而持续吸引消费者关注。

（三）美食教程类

我们可以通过短视频、直播分享各类农产品的吃法，向消费者展示如何利用这些农产品制作营养美食。这类视频容易带动消费者想象，刺激其产生品尝欲望，非常容易吸粉，转化率也比较高。

具体在拍摄过程中，我们需要注意以下方面：

1. 农产品的拍摄地点

农产品视频最好在生长原地拍摄，这样能给消费者一种真实的体验，让其通过短视频、直播有身临其境的感觉，让他们看到农产品真实的种植过程、生长情况以及后期加工的情况。这种参与感会增强消费者对优质农产品的了解，让他们产生强烈的购买欲望。

2. 农产品营销销售的不仅仅是农产品

从种植到生产，再到后期加工的流程，都可以成为短视频和直播的内容。比如，用短视频记录苹果的生长过程，还可以在苹果上加工，通过套袋让苹果上出现"平安""福""寿"等吉祥字，可以作为短视频内容的素材。把短视频和直播结合起来，让用户了解农产品的"前世"与"今生"。前端的生产环节，中间的加工、运输，以及后端的制作烹饪，都能让消费者对农产品有全面的了解。

3. 内容聚焦

确定自己要推广的农产品大致的品类或者专一的某个品类。所有的视频内容和直播内容都应尽量围绕主题，内容不可复杂多样，从而增加粉丝垂直度。

4. 打造网红代言人

虽然在进行农产品短视频、直播营销时颜值并不是最重要的因素，但是出镜人员的形象仍然是我们要考虑的重要因素，毕竟这个人和我们的农产品是高度关联的，消费者可能因为一个人选择购买或不购买我们的农产品。要请有特点的人作为农产品的代言人，个人形象起码要五官端正，衣着干净整齐，不让人反感，口齿清晰，有一定的普通话基础。代言人要注意提升个人形象，经常互动，培养粉丝黏性。

5. 讲好农产品故事

很多农产品消费者尤其是城市消费者对农村的事物非常好奇，他们可能没有真正到过农村，不知道农村的生产和生活是什么样的，对于那些城市看不到的大片农田、蔬菜大棚、大柴锅、拖拉机等，有很强的好奇心。农产品可以利用短视频和直播，加上农村的生活故事、农产品的故事，满足广大消费者对农产品、农村的好奇，提升他们的认可度，从而使他们自然而然地产生购买行为。

6. 打造农产品的独特形象

有的农产品不仅可以吃，还可以玩，能够用来制作各种工艺品、美食。在制作短视频和直播内容时，要充分挖掘农产品的潜力，深度开发农产品，不仅提供优质的初级农产品，也为消费者提供深加工农产品，满足不同消费者的差异化需求。

7. 农产品借势营销

将农产品和其他的行业领域结合在一起，如和相关的节日、盛会绑到一起，借助这种节日的高流量宣传自己。事实上，"短视频+农产品+节庆活动"是一种非常有效的推广方式。

以下是完成短视频的十大要素：

①视频段子：要求达到结构紧凑、言之有物、人物正面、情感激发、情绪唤起、身份认同、情节冲突与反转、热门梗和配乐的加成、引发讨论和评论的效果。

②封面和字幕：封面风格统一，字幕醒目，略带悬疑，引发好奇心。注意封面图片和文字设置应当统一风格，让消费者打开主页以后有整齐划一的感觉。

③配乐／原声：允许使用作品原声。原声标签也是一个重要的流量入口。

④标签：热门标签是重要的流量入口。自创标签相当于封闭的流量池。官方活动也是通过标签进行。

⑤视频简介文字：引发评论、点赞、互动、转发。还可以 @ 某个特定的账号，做账号联动。

⑥同框拍摄：允许别人跟自己拍同框。这是一个独有的流量入口，有转发和展现的功能。

⑦地址定位：在不同的发布地点启动播放量不一样，有网红地标，能自带大量的流量。地点展现在内容文字简介下方，会带来身份认同和线下偶遇的情感激发。地点本身也是流量入口和流量池。

⑧更新投放时间：特定的投放时间，启动播放量不一样。

⑨评论区互动：评论区互动、评论点赞，可以带来让粉丝二次打开页面的效果。优质的评论也是一种有获得感的体验。

⑩发布后转发、转载：转发朋友圈、微信群、腾讯 QQ 空间、腾讯 QQ 群，带来基础启动播放量。可以上传贴吧，二次采集编写图文。在多个自媒体平台二次传播，能带来意想不到的传播效果。

第三节　农产品"短视频 + 直播"营销的引流变现

一、"短视频 + 直播"的营销引流

（一）依托产品高品质自动吸粉

虽说营销手段至关重要，但也不得不承认"好产品自己会说话"。无论是何种形式的营销，都是产品为王、品质第一。好的产品、好的品质是短视频、直播营销最大的利器。

美好的事物是人人都向往和追求的，好产品也不例外，好的产品自带吸粉属性。自带吸粉属性的好产品自然能够借助直播获得订单量倍增的营销效果。乡村

短视频、直播营销想要达到这种效果，就需要用实力、用产品说话。

其一，好产品自带价值属性。

在产品功能等方面都能够满足消费者需求的情况下，消费者的需求是分散的、个性化的。

因为消费者购买行为的产生，除了源于对功能的追求，更多的是用来向外界展示他们所具有的品位。这就充分体现出产品除了功能以外，还暗藏了一种价值属性。这种属性已经远远超越了产品功能给消费者带来的内心荣耀感。只有将产品做到极致，才能受到广大消费者的欢迎。极致产品有很强的品牌效应，在此基础上借助短视频、直播营销，必定会吸引无数消费用户的眼球。

其二，好产品有情怀。

有人说，做营销卖的不是产品，而是情怀。产品情怀是让消费群体感知的，而不是随口讲述来的。那么产品情怀是什么呢？比如有人去越南旅游的目的只有一个，那就是吃，想吃遍越南各种各样的小吃和菜品。到了越南后，他们参加了当地的一个美食团，跟着当地的导游，去吃在国内根本吃不到的特色佳肴。这些特色小吃就是有情怀的产品，它们来自异域，极致、美味、稀有，在当地也有非常好的口碑，因此吸引了很多游客慕名而来。

产品情怀就是在产品中注入的除了产品功能之外的额外的情感。这种情感可以让更多的消费者认识、认知产品。在营销过程中，如果推广的产品能够自带情怀属性，就必将产生惊人的营销效果。很多乡村的特色产品有非常丰富的情怀因素，甚至有些情怀因素是独一无二的，值得好好挖掘。

其三，好产品自带自媒体属性。

很多时候，需求与品位相关联，也就和人性相关联。所以，产品就是极致性能和强大的情感诉求的结合。这两样东西会自己传播，产品有好口碑，自然在消费者心中具有较高的品位，自然能吸引众多粉丝疯狂追逐。在一定程度上，好产品中蕴含自媒体属性。当产品的价值属性和情怀属性都具备的时候，其自媒体属性自然就会显现出来。在产品价值属性和情怀属性基础上的产品自媒体属性，借助短视频、直播营销的方式能让产品在广大用户中建立起足够的信任，从而有效吸粉，驱动销售。如果产品本身就是明星，同样可以起到很好的吸粉作用。

（二）增加曝光率

"酒香也怕巷子深"，即使短视频、直播的内容再好，刚开始时也没有人知道，需要主动出击，吸引别人过来看，进而让他们成为粉丝。刚开始可以让自己的朋友成为节目的粉丝，毕竟他们是"准第一批用户"。除此之外，还要通过各种传播渠道增加曝光率。

1. 朋友圈转发

我们经常会在朋友圈看到别人分享的一些链接，如帮谁家孩子投票，或者哪个朋友卖东西，我们帮他在朋友圈分享他的二维码，同样，我们也可以这样做。把自己做好的视频链接分享到我们的朋友圈，如果朋友喜欢的话可以点进去看，也可以帮自己转发。

2. 微信群转发

微信群转发和第一个方法差不多，运营者可以加一些兴趣群和行业群，每天都有朋友分享自己的节目，他们的分享除了能增加一些播放量之外，同行的朋友也会给自己的视频提出一些意见，帮助自己更好地改进。当然之前一定要和群主商量好，可以把自己的视频分享到群里，如果分享的内容很好，大家看了之后都想买，就可以直接找群主买了，对双方都有好处。

3. 付费获取流量

很多平台有视频的推荐机制，有免费推荐和付费推荐之分。一般免费推荐是在视频上传审核通过后，系统会先将视频进行兴趣分类，将视频推送给经常阅读这类视频的部分用户，而后根据该部分人群浏览后的完整播放率、点赞量、评论数、转发量进行数据分析，再根据视频数据质量决定是否继续推荐给更多人群。而付费推荐则比较简单，支付一定的费用给平台，平台将推荐给目标人群。

例如，抖音的"DOU+"助力。如果运营者的视频不能免费被系统推荐给更多人，那么就可以用"DOU+"功能助力增加推荐量，花钱把视频推送给更多人，让人们看到视频后关注。

"DOU+"是50元起助力，通常100元可以获得5000个推荐播放量。"DOU+上热门"分为速推版和定向版，在用"DOU+"助力前，可以设置兴趣人群，推荐给相关的目标人群观看。通过"DOU+"助力流量，不仅可以给自己的视频助力，还可以给别人的视频助力。

4. 参加比赛

参加比赛也能获得曝光率，如今日头条的"金秒奖"，报名参赛之后，作品会出现在"参赛作品"里，别人在浏览的时候有可能就会喜欢上作品，是一个很好的宣传手段。如果有幸入围甚至得奖，对自己的节目又是一个提升。

5. 多渠道分发

运营者在一开始不能保证自己的视频更适合什么渠道的时候，可以选择多渠道分发，不过这样做肯定比较浪费时间，如果团队人比较少，每天更新十几个渠道还是很吃力的，可以选择短视频助手进行视频发布，非常节省时间，很多运营者都在使用。

6. 蹭热度、蹭热点

蹭热度指企业或个人在真实、不损害公众利益的前提下，利用具有热点价值的事件，或者有计划地策划、组织各种形式的活动，借此制造"热点"来吸引媒体和社会公众的注意，以达到提高社会知名度、塑造企业或个人良好形象并促进产品或服务销售的目的。

热点影响力的大小与我们蹭热度引来流量的多少成正比，热点的影响力越大越有蹭的价值。影响力反馈在网络平台上往往体现为话题热度，我们可以参考百度指数、微博热度及各类风云榜单。

这里要提醒大家：对热点的判断，影响力不是唯一指标，还要考虑热点是否与我们品牌及产品的调性相符，是否受到目标用户的关注，不打无目的之仗。

蹭热点的关键就是时效性，这要求营销人员在热点出现的第一时间作出回应。

根据相关调查显示，在热点发生的1~6小时，用户会对这个事件保持最大的兴趣，等到12~24小时，用户会失去兴趣，因为其已经接收到大量关于热点的信息。所以，为了锁住用户宝贵的注意力，我们在蹭热点的时候要快速行动。

7. 与人合作互相引流

俗话说，单丝不成线，独木不成林。团结合作的重要性在短视频、直播领域同样适用，好的合作能得到1+1＞2的效果。

合作对象可以是淘宝商家、各大直播平台、其他个人和机构等。和淘宝商家合作需要有一定的淘宝资源。我们在淘宝买东西的时候，会收到一些卡片和赠品，卡片一般是退换货说明卡片，赠品一般就是和购买的东西相关的东西，如手机膜等。试想一下，如果把自己的视频二维码印在这些卡片和赠品上，免费提供给商家，商家拒绝的可能性会比较小，而顾客收到之后可能会因为好奇去扫描这些二维码，这样就带来了用户。

也可以与其他账号互相导流。就是"我帮你转发你的内容，你帮我转发我的内容"。但是找合作对象也是有技巧的。比如，尽量不找同类型的视频，因为粉丝与自己重叠；也不能找类型相差太大的，例如做水果产品的，寻求养殖产业的合作，这样效果可能也不太好，因为二者的粉丝感兴趣的东西是不一样的，所以一定要注意粉丝的重合性和差异性。

8. 多参加各种活动

参加活动的目的就是让更多的人知道我们，最好能够钱花得少，效果还好。比如，参加各个平台举办的比赛、公益活动等。

9. 转发抽奖

转发抽奖很常见，特别是一个新号想要吸引粉丝，转发抽奖是很简单有效的方式。

10. 付费推广

专业的人做专业的事，各个平台都有付费推广渠道，一些网络明星也有收费帮人推广的业务，他们的运作已经比较成熟，通过付费导流，能够第一时间将短视频、直播推到观众视线中。当然，这种吸粉方式需要一定的资金支持，更适合企业操作。

二、农产品"短视频＋直播"的变现模式

（一）销售产品直接变现

短视频、直播最直接的变现方式就是销售产品。一般分为两种：一是电商引流到淘宝店铺卖货（比如说抖音号开通购物车通道，个人资料里面有商品橱窗，用户可以直接从达人的抖音短视频中进入其店铺进行消费），二是引流到微信卖货。

很多短视频、直播平台支持购物车功能，粉丝可以在收看视频的时候，直接把自己喜欢的商品放到购物车购买。一些平台如抖音是支持外部链接的，也就是说，可以在抖音上面放上商品链接。我们在刷抖音的时候，会刷到一些商品，这就是利用抖音变现的手段。如果粉丝足够多，上推荐的概率也就比较大。抖音捧红了很多商品，现在淘宝上也有很多抖音爆款，所以，如果在抖音上直接卖抖音爆款，这样可能销售量更大。

销售产品变现的另一种方式是给线下店铺引流，通过把粉丝吸引到线下实体店来促进销售。有很多实体店把排队购买的热闹场面、产品生产的过程等视频放到短视频和直播平台，吸引别人观看。传播范围广了，尤其是同城传播足够广，很容易吸引消费者到实体店购买。

（二）广告变现

当流量足够多的时候，自然而然会有人来找，帮他们发广告，支付一定的广告费。以抖音为例，这是抖音流量池中，不借助第三方平台变现，也是抖音官方认可和支持的变现方法，就是通过短视频或者个性签名中植入商家的软文广告，商家会给予达人一定的佣金作为报酬。目前，抖音一个粉丝的价格大概在2分钱，广告主最关心的是粉丝体量和精准度。

（三）知识付费变现

知识付费变现就是通过把专业知识的一部分免费分享出去，如果有喜欢并且想继续深入学习的粉丝就会付费。

比如，农业专家可以通过教授农民专业知识的方式收取一定的费用。

（四）渠道分成

为了鼓励用户创作更多、更好的视频内容，很多短视频、直播平台会出台一些鼓励政策，常见的做法就是给作者提供平台分成。平台的分成主要来自广告收益、观众打赏分成、平台补贴。

以今日头条为例，作为老牌的自媒体渠道，其收益方式主要是以下几种：平台分成、平台广告的收益、观众打赏收益、问答奖励等、千人万元计划、自营广告。

头条渠道在"新手期"阶段只有少量的头条广告收益。而想得到平台分成就一定要度过"新手期"。而其中观众打赏功能、千人万元计划则是要得到内容"原创"标签了。有原创的内容可以获得"观众赞赏"功能，可从文章读者处获得额外收益，并且有"原创"标记的内容可获得更多广告收入。

有分成的平台并不是说只要一发了视频就有分成，而是需要满足一定的条件才能加入分成计划。各个平台的要求并不完全一致，需要运营者根据自己的优势进行选择。

三、农产品"短视频 + 直播"的营销要点

农产品营销和一般商品的市场营销方式一样，经历了几个时代：第一个时代是基于平面广告的报刊广告推广；第二个时代是基于音视频的电视、电台、电话的营销推广方式；第三个时代是基于互联网普及而进行的网络营销，这一时期出现了电商平台，涌现出大量农村电商；第四个时代是基于移动互联网的"两微一抖"时代，也就是目前营销流量的入口——微博、微信、抖音。

目前，在农业领域出现了大量的短视频、直播网红，他们充分利用人们对乡村美好生活的向往、对天然农产品消费的需求，快速积累了大量的粉丝，通过卖货、广告等方式实现了流量变现。

很多短视频、直播平台采用的是智能推荐算法，对农产品营销来说具有诸多优势。

首先，制作成本低。短视频、直播营销对设备的要求门槛低，也可以不用专业的场所，只需要一部智能手机，使用免费的视频剪辑软件，就能达到最低的创作要求。

其次，营销机会均等。现在，短视频、直播平台对用户视频的要求标准简单直接，只要是传播正能量的视频都可以发布，满足内容优质、有足够多的人喜欢的条件，平台就会按照视频点赞、关注、评论、转发等指标表现，把视频推送到下一个更大的流量池，直至全网络推送。

最后，对农民来说试错成本低。短视频、直播营销不需要租用店铺门面，也不需要组建专业的供应链，减少了大量的中间环节。在进行农产品短视频、直播营销的时候，可以通过后台销售数据，采用逐步进阶推送的方式，不断修正营销

策略，从而及时地减少损失。并且本次的营销失败，不代表下次的失败，只要内容足够优质，就永远有机会。

针对短视频、直播的特点，农产品在进行营销时要注意以下要点：

（一）差异化、个性化

在短视频、直播营销的设置上，要有自己的独特定位，要有自己人设，不要贪大求全，希望服务于所有用户，而是要有针对性，能够服务于垂直领域用户，更具有针对性地对用户进行营销。抖音上的主播有千千万万个，如何让人一下子就记住自己，这是一件有技术含量的事情，而打造人设是增加识别度的最佳途径。农产品销售者可以综合考虑自身性格、所销售的农产品特性，以及拥有的拍摄条件来决定打造一个什么样的人设。农产品内容要有鲜明的特点，突出农产品的独特地域特征、文化特性，或者具有特有的加工、使用方法，能够用独特性吸引用户，促动用户点赞转发。

（二）注重视频品质

现在的短视频、直播内容如果想要脱颖而出，就需要更加专业。从脚本的写作，到视频的拍摄，到角色的设计等，都要精心地设计和制作。当运营者能用视频打动自己，打动身边人的时候，再去投放，才会拥有更多的机会进入更大的流量池。

（三）保持一定的更新频率

将粉丝吸引过来之后，如何经营粉丝也是一个问题，用专有名词来说就是用户留存。运营者与粉丝的关系其实应该是一种定期约会的状态，必须保持一定的曝光率，才能够留住粉丝。增加曝光率同时也要合理选择视频发布的时间，一般来说，晚上下班之后是短视频、直播观看人数最多的时候，特别是晚上8点以后。而晚上10点以后更适合卖食品，深夜饿着肚子看视频的用户购买率会大幅提升。

（四）多矩阵社群化

针对农产品的视频营销，绝对不是一个网络大V的一次网络直播、发布一个短视频，或者是一个精心策划的营销事件就可以高枕无忧的。农产品营销也符合马太效应，只有这个产品卖得好的时候，才会有更多的人涌入这个产品的营销当中。引爆产品的前期还有一个预热期，这就需要更多的短视频用户持续地播放农产品视频，造成全流域曝光。这样铺垫后，再进行农产品的引爆就更加水到渠成。

第四节 农产品"短视频 + 直播"营销的品牌打造

要想农产品在市场上脱颖而出，就必须打造专属于自己的特色产品，赋予农产品独一无二的标签，只有这样才能抓住消费者的眼球，从而借助短视频平台更好地进行宣传推广，打造专属的农产品品牌。

一、品牌农业时代的到来

从现实情况来看，我们每天炒菜使用的酱油，全国每年有 500 万吨的消费量，被 2000 多家厂家分食，平均每个企业还不到 2500 吨。其中消费者认为最好的品牌，被提及率才刚刚超过 10%，但就是这家企业一年的销售额高达 70 亿元，非常惊人。

在大市场里，每一个品类都足以养活起世界级的大企业，甚至在每个区域市场里，每一个品类市场都大到可以培养出区域知名品牌，使企业从小到大，从弱到强。

现在，政策亲民，社会经济条件充分，消费在升级，企业在觉醒，可以这样说，品牌农业大发展的黄金时代到来了。

企业、出口食品企业、地方名品（地理标志、原产地保护、非物质文化遗产）企业，以及企业中有远见、有胆识的企业家，可以马上行动起来，打破心理屏障，重建市场边界，引入先进的品牌营销手段。学会包装产品，让"土产"不再"土气"；学会宣传产品，让特产走得更远、走遍全国；学会整合资源，内外借力把规模做大；提升产品价值，提升品牌形象，使品牌产品卖得多、卖得快、卖得贵、卖得持久。

短视频、直播等新媒体的流行，也为农产品品牌推广提供了一条便捷、快速的渠道。

市场调查发现，品牌农产品价格坚挺、市场销售火爆，已经成为农产品销售中的重要生力军。因此，大力发展品牌农业，是连通普通农业生产与高端消费市场的有效途径，是提高农产品价格、增加农民收入的重要途径。

从目前来看，乡镇乡村企业在不断发展的过程中，已经创建出一些独具特色的农产品品牌，并利用了电商渠道销售。与线下营销相比，互联网营销具有非常多的特点和优点，不仅营销成本低，还能实现全面覆盖，最重要的是，一些不易久存的农产品可以及时销售出去，销售区域范围广泛。农产品行业高度重视互联网营销模式，并在城镇内大力推行。农产品企业不仅可以降低成本投入，还能促进农产品销售，吸引人才加入农村发展，进一步推动当地乡村经济的发展。

二、代表高品质的农产品概念

农产品指的是来源于农业的初级产品，即在农业活动中获得的植物、动物、微生物及其产品，如高粱、花生、玉米、小麦等。

随着中国市场的消费升级，更多中高端消费者愿意为健康、安全的农产品买单。在进行短视频、直播推广时，我们可以采用与农产品生产环境、品质相关的分类来进行介绍。

从产品本身来看，农户可以通过短视频平台展现产品的种植过程、产品得天独厚的生长环境以及独具地方特色的文化内涵等，让消费者深刻了解一个好的产品从诞生到成熟的过程。这个过程不仅可以让消费者在消费过程中认可产品的质量，还能让消费者切身体验农村生活，从而获得丰富的农村生活及相关地方文化的"体验感"。

（一）有机农产品

有机农产品是指根据有机农业原则和有机农产品生产方式及标准生产、加工出来的，并通过有机食品认证机构认证的农产品。有机农业的原则是，在农业能量的封闭、循环状态下生产，全部过程利用农业资源，而不是利用农业以外的能源（如化肥、农药、生产调节剂和添加剂等）影响和改变农业的能量循环。有机农业生产方式是一种利用动物、植物、微生物和土壤4种生产因素的有效循环，不打破生物循环链的生产方式。有机农产品是纯天然、无污染、安全营养的食品，也可称为"生态食品"。

（二）绿色农产品

绿色农产品是指遵循可持续发展原则、按照特定生产方式生产、经专门机构认定、许可使用绿色食品标志的、无污染的农产品。可持续发展原则的要求是，生产的投入量和产出量保持平衡，既要满足当代人的需要，又要满足后代人同等发展的需要。绿色农产品在生产方式上对农业以外的能源采取适当的限制，以更多地发挥生态功能的作用。

（三）无公害农产品

无公害农产品是指产地环境、生产过程和产品质量符合国家有关标准和规范的要求，经认证合格获得认证证书并允许使用无公害农产品标志的、未经加工或者初加工的食用农产品。

三、农产品的品牌名称设计

无论是短视频，还是直播，朗朗上口、容易记的品牌名才是一个出色的品牌名。要想农产品获得更好的发展，就得让农产品品牌命名直击消费者的心。

（一）农产品品牌命名的方法

1.和"物"有关的名称

带"果"的名称如 ×× 果园、×× 果品、×× 鲜果等，和地理环境相关的名字如 ×× 湖人家、山里 ××、×× 山、自然 ××、×× 村、×× 坡等。

2.和"品质"有关的名称

可以在商标上委婉地表现出产品的品质。例如，×× 优果、×× 鲜果、好果 ×× 等。

3.形象法

形象法就是运用动物、植物和自然景观来为商标命名。例如，"七匹狼"服装，给人以狂放、勇猛的感受，使人联想起《与狼共舞》的经典情节；"圣象"地板，让人产生大象都难以踏坏的地板形象。其他运用形象法来命名的商标还有"大红鹰""熊猫""美洲豹""牡丹""翠竹"等。运用形象法命名商标，借助动、植物的形象，可以使人产生联想与亲切的感受，提升认知速度。同样，对于农产品品牌命名也是这个道理。

4. 价值法

价值法就是把所追求的目标凝练成语言来为商标命名，使消费者看到产品商标，就能感受到企业的价值观念。如上海"盛大"网络发展有限公司、湖南"远大"企业，突出了企业志存高远的价值追求；福建"兴业"银行，体现了对"兴盛事业"的价值追求；武汉"健民"突出了为民众健康服务的企业追求；北京"同仁堂"、四川"德仁堂"，突出了"同修仁德，济世养生"的药商追求。因此，运用价值法为农产品商标起名，对消费者迅速感受企业价值观具有重要的意义。

（二）农产品品牌命名的四种模式

1. 农产品品牌的产地品牌

农产品品牌的产地品牌指拥有独特的自然资源以及悠久的种植养殖方式、加工工艺历史的农产品，经过区域地方政府、行业组织或者农产品龙头企业等营销主体运作，形成明显具有区域特征的农产品品牌。一般的模式是"产地＋产品类别"，如"西湖龙井""库尔勒香梨""赣南脐橙"等。该类品牌的价值就在于生产的区域地理环境好。一般这种有特色的农产品品牌都会注册地理标志，是受《商标法》保护的，是一种极为珍贵的无形资产。

2. 农产品品牌的品种品牌

农产品品牌的品种品牌是指一个大类的农产品里的有特色的品种，既可以成为一个品牌，也可以注册商标。例如，"水东鸡心芥菜"就是一个农产品品牌的品种品牌。有的品种到现在为止还没有注册品牌，但是也广为人知，如红富士苹果。农产品品牌的品种品牌一般的格式是"品种的特色＋品类名字"。例如："彩椒"就是彩色的辣椒，这是外观的特色；"糖心苹果"就是很甜的苹果，这是口感的特色；"云南雪桃"就是云南的蜜桃，这是文化的特色等。只要产品有特色，都可以注册商标，也便于传播。

3. 农产品品牌的企业品牌

农产品品牌的企业品牌指以农产品企业的名字注册商标作为农产品品牌来打

造，如中粮和首农就是农产品企业品牌，打造的是农产品企业整体的品牌形象。农产品品牌的企业品牌可以用在一个产品上，也可以用在多个产品上，如"雀巢"这个企业品牌，有"雀巢"咖啡、"雀巢"奶粉、"雀巢"水等。对于农产品流通领域来说，还有一种渠道品牌，也属于企业品牌这一类。渠道品牌就是一个渠道的名字，如"天天有机"专卖店，里面卖的都是有机绿色食品，店里可以有几百个甚至上千个产品品牌。

4. 农产品品牌的产品品牌

农产品品牌的产品品牌指对于单一一个或者一种产品起一个名字，注册一个商标，打造一个品牌。这种模式在大家的日常生活中比较常见。

四、农产品的品牌知名度推广

从品牌打造来看，农产品在最开始推广和建立品牌的时候，往往缺乏市场知名度，如何打开市场、扩大推广范围是品牌建设的第一个难题。农业发展的出路在于现代化，农业现代化的关键在于新媒体。因此，借助短视频平台搭载农村电商的快车，为农产品的销售插上了翅膀，很大程度上推动了农产品的品牌建设。以"洛川苹果"为例，2013年洛川县政府把"洛川苹果"打造成当地的特色品牌之后，便借助新媒体平台全力发展电商产业。赵恒亮是"洛川苹果"电商龙头企业的老板，他全程直播选果的过程，以最直观的方式告诉消费者"我们会将最好的产品带到消费者面前"。

无论是产品销售还是品牌推广，打造品牌的知名度都是一个重要环节。一些乡镇在对农产品进行具体营销期间，已经形成了较好的线下销售模式，但为了适应互联网经济快速发展的需求，又在互联网营销方面做了大量工作，这些工作推广了当地农产品，满足了更多消费者的需求，同时也帮助农民创造了财富。因此，为了促进农产品加工企业自产和深加工农副产品并达成更理想的销售量，应鼓励改变以往的销售模式，加大线上销售力度，提高品牌的知名度。为了把农民自产的农产品销售出去，还应在网络产品品牌营销前提下，寻找更多新的销售渠道，进一步拓宽渠道，提升自身的销售能力。

一方面，打造具有地方特色的农产品互联网品牌，所以，在提高品牌知名度的前期，当地政府应提供一定政策性支持，银行在农村金融和信用贷款方面，也最好有一定扶持，将贷款申报门槛适当降低。高度重视农企资金运转问题，同时，向企业强调网络品牌营销和建设的重要性，增强企业这方面的意识，打造优质农产品品牌，促进其更好地发展。另一方面，农企和政府应该做到相互配合，加大宣传力度，通过互联网营销模式进行宣传，并通过适当加大投资，让农产品品牌具有一定的知名度，吸引更多消费者了解这一农产品品牌，提升认可程度。

在商业活动中，微视频直播营销属于一种新型营销方式。以微视频为平台，不仅能及时传播产品信息，而且操作难度相对较低。通过这类平台不仅能了解广泛的信息，还能与消费者进行良好的沟通交流。不管是在时间还是在地点方面，微视频发布不受特定限制，便于农产品信息发布。农产品商家和农产品生产者都应注重微视频直播营销，通过这类营销模式对农产品进行详细介绍，展开大力推广。在微视频直播时，用户和用户之间能实时互动，从而实现更好的沟通交流。在相关平台上，开设有关农产品店铺、链接和用户建立联系，还能得到他们的及时反馈，拉近买卖双方之间的距离，方便更好地宣传，也节省很多时间、运输、推广等成本。再加上一些微视频直播营销代理公司非常成熟，农企和农民可以在众多推广团队中，选择合适的公司建立良好的合作关系。除此之外，微视频用户群体中有了很多博主，他们的账号下忠实的粉丝也比较多，有利于推广。农企和农民也应该加大自身宣传力度，注册专门微视频账号便于更好运营，还可与微视频活跃博主保持一定联系，多沟通交流，建立良好的合作关系，让自家农产品品牌更具热度。

在国内，短视频软件用户数日益增加，当前短视频用户的数量已经达到几亿人，这主要和现代人碎片化的时间有一定联系，而且不管是短视频设置，还是音乐设置，均符合人们心理学的特点，能够吸引用户的注意力。如果创作者寻找新的题材和内容，并以定期或者是不定期的方式进行更新，便能加深用户的印象。在农产品互联网营销策略中，打造知名度是最重要的一种策略，农产品商家和企业在农产品网络营销期间，可以充分利用短视频软件，使其内容创作更好、更加有趣，形成自己的风格；可以在宣传农产品的基础之上，结合情景剧情，使其更具特色和吸引力。因为在互联网平台，有创意的视频往往更容易被消费者接受和收藏，从而达到产品宣传目的。就当前情况来看，短视频销售已经成为农产品营销最主要的一种模式，对于农产品商家和农企而言，加强对短视频直播间投入和对受欢迎主播的培养，可以加大农产品推广力度，使消费者对购买的农产品品牌有所了解。

五、注重农产品的品质化、差异化

俗话说得好："人靠衣装，佛靠金装。"[①] 当农产品品牌完成了产品和品牌价值的策划与构建，就会像一个人有了内涵，有了底气。但是只有这些还不够，还要设法让产品和品牌在外在形象上表现出来，用外在形象彰显和提升其内在价值，即内在品质外在化，外在形象品质化、差异化，这就是品牌和产品形象的塑造。尤其是在短视频和直播推广中，农产品的"颜值"尤其重要。因此，产品和品牌的外在形象要准确地反映产品的内涵，为品牌加分而不能相反。

外在形象的品质化和差异化主要有以下手段：

（一）创意建立品牌识别符号

符号，因为识别性强，容易记忆和传播，是产品品牌形象集中且具有标志性的代表。

这种符号可能是人物，如"薯与我"的薯片超人；可能是图形，如"渔悦"的水环、"南方黑芝麻糊"爱心杯的红色心形杯盖；可能是声音、图形、味道等，如仲景香菇酱的《采蘑菇的小姑娘》的音乐、南方黑芝麻糊经典的吆喝声；还可能是公共资源，像金龙鱼品牌中金龙鱼图像等。总之，一个品牌要创建属于自己的个性识别标签。

（二）选准品牌代言人

选准品牌代言人，建立消费者对产品品质的信赖，彰显企业实力，尤其是在农业产业中至今仍然是快捷有效的方法。品牌代言人是品牌形象的一部分，代言人的形象、品位、定位和价值取向等，直接影响着品牌形象的形成，影响消费者对他所代言品牌的好恶。

同理，广告是产品和品牌信息的"传声筒"，是企业的"介绍信"，是产品销售的"敲门砖"。

---

① 陈伟利. 现代服饰设计 [M]. 北京：海洋出版社，2007.

许多时候，消费者第一次接触的不是产品，而是广告，广告就是产品的另一张脸，是企业的一扇窗。

因此，无论是选择品牌代言人，还是拍摄发布广告，都要与产品和品牌的定位保持一致，于提升品牌形象、建立品牌美誉有利、有益。

请什么人代言？做什么内容和风格的广告？一个最重要的原则是，适合的才是最好的。

（三）精心设计产品的包装

好包装自己会说话，好包装让人一见倾心，好包装自己会卖货。

包装，绝不仅仅是保护产品不受损失的一个美丽"外衣"，而是承载着重要的营销责任，它是差异化的载体。因为许多优质农产品没有明显的外观特征，那么，包装就成为产品与消费者面对面沟通交流的第一媒介，它是决定交易能否成功的"临门一脚"。

恰当地反映产品内在价值的包装能够使农产品具有更高的附加值，更具竞争力。因此，农产品企业必须从品牌定位与营销传播的高度，制订包装策略、指导设计方案。

众多农业产业化企业成功打造了品牌，实现了价值增值，积累了大批成功案例，下面我们从品牌营销实践中总结出用包装提升农产品品牌与销量的四大趋势。

其一，包装功效媒体化——说到，更让人看到。

包装是一种重要的终端传播媒体，而且是免费媒体，经过精心设计、匹配功效化的文字与图像，兼具"观赏性"和"促销功用"。"观赏性"解决"吸引力"的问题，引起消费者的好奇心和阅读欲；"促销功用"解决产品"说服力"的问题，促使消费者产生购买冲动，这是"包装功效媒体化"的真正意义所在。

其二，包装国际背景化——紧跟潮流，与时俱进。

"克拉古斯"是"中华老字号"，在沈阳及周边的东北市场可谓大名鼎鼎。"克拉古斯"在俄语中就是"大香肠"的意思。品牌标识以创始人克拉古斯兄弟肖像为视觉主体，采用插画式表现手法，再现了俄式背景及食品属性；字体则采用汉字、哥特体的结合形式，使其看上去更加庄重、硬朗；包装采用风格画大师蒙德里安的板块分割表现手法，在一个块面空间里体现相对多的内容，手绘老街景既强调出品牌背景，又凸显老沈阳品类个性。用历史销售今天，用底蕴夯实台面，最终传递出本产品是"源自俄罗斯的美味传奇"这一不可替代的品牌基因。

洋为中用，不生硬、不照搬，把东西方文化融为一体是关键。先学习，后创新，只有这样才能设计出具有中国特色的国际化包装精品。

其三，包装整合系列化——共性与个性协调统一。

包装的系列化设计是指一个企业对自己同一种类不同品种的产品，采用统一而又有变化的包装设计。

系列化的包装在布局结构上具有统一性，然后根据不同产品的特性，在特定的同一位置进行色相、纯度、明度的变化。和谐中有差异，统一中有变化，使包装在传播信息中做到整合一致。

南阳仲景香菇酱六大系列产品在终端货架一字排开，既强调了产品的家族化，也兼顾了不同口味的个性化。产品家族均以白色为主色调，使其完成共性的使命。每个包装上均印有不同的色彩来区分口味、强调个性，如麻辣的是红色、原味的是绿色，等等。

其四，包装复古经典化——新传统，新古典。

把传统文化元素融入现代包装设计当中，是包装设计的趋势。

将怀古的文化元素与现代人对生活的需求相结合，透过现代工艺、材质、设计手法，再现传统的历史痕迹与浑厚的文化底蕴，使包装产生既传统又现代的双重审美效果。不是简单的复古，更不是仿古，而是以古典的"意"去彰显现代的"形"，这样的包装才不会落入俗套。

吴裕泰，百年老字号茶庄，北京最具影响力的茶庄品牌之一。其礼品包装设计突破传统，将传统概念融入包装当中。挥洒即兴的泼墨荷塘是视觉的主题，遒劲有力的书法是信息的传达，配以中国传统建筑月亮门，通过剪纸镂空工艺，使包装在表达传统文化的同时彰显了时代的质感。

包装不仅是保护和携带产品的"容器"，还必须拥有品牌识别功能、形象提升功能、卖点诉求功能、价值增值功能，它是市场竞争中的一大营销手段，放弃不用，实在可惜。

参考文献

[1] 林思勉，彭强，陈端. 农民直播销售员 从入门到精通 [M]. 北京：农村读物出版社，2022.

[2] 刘凯，黄英. 短视频与直播运营 [M]. 北京：人民邮电出版社，2022.

[3] 刘旸. 短视频与直播电商 [M]. 北京：人民邮电出版社，2022.

[4] 王进，王慧勤. 短视频运营实务 [M]. 北京：人民邮电出版社，2022.

[5] 崔怡文，赵苗. 视频编辑与制作 短视频 商品视频 直播视频 [M]. 北京：人民邮电出版社，2022.

[6] 车朝春. 短视频 视频号 直播策划运营实战 [M]. 北京：清华大学出版社，2022.

[7] 泽少. 短视频自媒体运营从入门到精通 [M]. 北京：清华大学出版社，2022.

[8] 楚燕来，薛元昊，杨静. 直播电商的逻辑 [M]. 北京：中信出版社，2022.

[9] 冷玉芳，张学青. 直播电商教程 [M]. 北京：高等教育出版社，2022.

[10] 郭义祥，李寒佳. 新媒体营销 [M]. 北京：北京理工大学出版社，2022.

[11] 崔璨. 短视频赋能城市会展品牌的价值与策略研究 [J]. 商展经济，2023（18）：12-14.

[12] 孙保营，吴娇阳. 短视频图书直播营销：内在逻辑、现实问题与优化对策 [J]. 华北水利水电大学学报（社会科学版），2023，39（5）：87-92.

[13] 仝彦丽，辛景波. 特色农产品"短视频＋直播"运营策略研究 [J]. 理论界，2023（9）：97-101.

[14] 沈静. 直播电商行业市场营销现状及转型发展研究 [J]. 全国流通经济，2023（16）：17-20.

[15] 唐妍 . 基于扎根理论的短视频内容营销对消费者在线购买意愿的影响 [J]. 中国商论，2023（16）：103-109.

[16] 余冬青，张文涛 . 基于短视频 App 的公共图书馆阅读推广探析 [J]. 兰台内外，2023（23）：67-69.

[17] 向泥施 . 直播营销趋势下出版行业自播模式优化策略研究 [J]. 出版与印刷，2023（3）：75-81.

[18] 龙姣志 . 我国短视频平台变现路径的特征、困境与优化策略 [J]. 新闻论坛，2023，37（3）：65-68.

[19] 刘凤丽 . 农产品互联网品牌整合营销策略 [J]. 中国食品工业，2023（12）：47-49.

[20] 彭丽娟 . 基于直播电商模式的鞋服品牌营销策略研究 [J]. 中国皮革，2023，52（7）：139-141+145.

[21] 顾恩澍 . 网络视频平台价值共创与商业模式创新的互动机制研究 [D]. 北京：中国传媒大学，2022.

[22] 贺黎 . 基于消费者购买意愿的农产品短视频营销实证研究 [D]. 长沙：中南林业科技大学，2022.

[23] 董银 . 短视频内容营销对消费者购买意愿的影响研究 [D]. 石河子：石河子大学，2022.

[24] 马娉婷 . 出版社短视频账号内容生产及运营策略研究 [D]. 合肥：安徽大学，2022.

[25] 毛文彬 . 网红茶饮品牌社会化营销策略研究 [D]. 沈阳：辽宁大学，2022.

[26] 蒋文怡 . 短视频平台电商首播中的消费者购买行为影响因素研究 [D]. 北京：北京外国语大学，2021.

[27] 杨青松 . 基于移动短视频的出版物推广和运营模式研究 [D]. 北京：北京印刷学院，2021.

[28] 范丹丹 . 乡村振兴背景下"三农"短视频发展策略研究 [D]. 北京：中国政法大学，2021.

[29] 钟紫音.“短视频 +”的营销模式及策略研究 [D].南昌：江西师范大学，
　　 2020.

[30] 张馨方.短视频营销的传播效果及其策略研究 [D].济南：山东师范大学，
　　 2020.